项目资助

教育部人文社会科学研究青年基金项目"学前儿童游戏权及其保障研究"（项目编号：16YJC880053）

江西省社会科学"十三五"规划一般项目"人权视野下幼儿游戏权利保障研究"（项目编号：16BJ22）

儿童游戏权的
理论与实践研究

刘智成 / 著

中国社会科学出版社

图书在版编目（CIP）数据

儿童游戏权的理论与实践研究／刘智成著．—北京：中国社会科学
出版社，2018.11
ISBN 978 - 7 - 5203 - 3656 - 7

Ⅰ.①儿…　Ⅱ.①刘…　Ⅲ.①儿童—游戏—妇女儿童权益
保护—研究—中国　Ⅳ.①D922.74

中国版本图书馆 CIP 数据核字（2018）第 266240 号

出 版 人	赵剑英
责任编辑	赵　丽
责任校对	夏慧萍
责任印制	王　超

出　　版	中国社会科学出版社
社　　址	北京鼓楼西大街甲 158 号
邮　　编	100720
网　　址	http://www.csspw.cn
发 行 部	010 - 84083685
门 市 部	010 - 84029450
经　　销	新华书店及其他书店

印　　刷	北京明恒达印务有限公司
装　　订	廊坊市广阳区广增装订厂
版　　次	2018 年 11 月第 1 版
印　　次	2018 年 11 月第 1 次印刷

开　　本	710×1000　1/16
印　　张	13
字　　数	201 千字
定　　价	55.00 元

目　录

第一章 绪论

人能离开游戏吗？不能，孩子们呢？更不能。人为什么离不开游戏呢？因为它和吃饭、睡觉一样是我们个体生命成长过程中不可缺少的内容，正如席勒所言"只有当人是完全意义上的人，他才游戏；只有当人游戏时，他才完全是人"①。而研究游戏方面的著名学者胡伊青加更是明确宣称：人是游戏者。② 可见，人与游戏之间的亲密关系，在人生的各个阶段，游戏都有其重要性，但对于学前期的儿童来说，游戏之重要性超过了其他各阶段的人。如果把孩子们一天的时间分为吃、喝、拉、撒、睡五个部分，那么孩子们基本上除了睡觉之外，其他时间都在游戏，因为游戏是他们的生活，他们的生活就是游戏。可正是这些在孩子生命中如此重要的游戏，在现代社会正逐渐远离孩子们的生活，是谁"偷"走了孩子们的游戏？为什么在《儿童权利公约》中明文规定的属于儿童的游戏权在国内却得不到保障？民众的儿童游戏权利观如何？国外在儿童游戏权保护上有哪些先进经验？儿童的游戏权如何在中国的文化背景下得到实现？……这一连串的疑问激起了笔者的研究动机，并最终将研究论题聚焦为《儿童游戏权的理论与实践研究》。

第一节 研究缘起

一 基于游戏上升为儿童一项特殊人权的国际趋势

游戏是一种古老的社会现象，有着比文明还要漫长的历史，但人

---

① ［德］席勒：《审美教育书简》，冯至等译，北京大学出版社 1985 年版，第 80 页。

② ［荷］约翰·胡伊青加：《人：游戏者——对文化中游戏因素的研究》，成穷译，贵州人民出版社 1998 年版，第 15 页。

们对于游戏的系统反思和研究还只是近代的事情，自康德开启了系统研究游戏的时代之后，游戏研究呈现出百家齐放、百家争鸣的态势。纵观游戏理论的发展历程，人们对于儿童游戏的认识经历着从陌生到熟悉并不断深化的过程。与此同时，儿童权利在人们的观念里也经历了漠视、轻视、重视、珍视的过程。众所周知，在中世纪以前是没有儿童权利概念的，无论是"预成论"还是"原罪论"的儿童观里，儿童是没有任何权利可言的。即使是到了文艺复兴之后，人们对儿童的看法虽有所改观，但儿童权利依然处于轻视状态。直到被称为"发现儿童"的卢梭，儿童本位的儿童观才真正确立，儿童权利才逐渐受到重视。尤其是到了20世纪后，儿童权利受到前所未有的重视，伴随着一系列国际公约的出台，儿童游戏权作为儿童权利的一项重要内容也被提了出来。从1924年的《日内瓦儿童权利宣言》到1948年的《世界人权宣言》及1959年的《儿童权利宣言》，再到1966年的《公民权利和政治权利国际公约》《经济、社会及文化权利国际公约》，儿童地位得到空前提高，这也为儿童游戏权的最终确立奠定了坚实的基础。真正明确提出儿童游戏权这一概念是在1989年，当时联合国大会通过了被誉为儿童权利保护"大宪章"的《儿童权利公约》，其中第31条就对儿童享有的游戏权作了具体规定。由此可见，儿童游戏权确认和保护才成为国际社会的广泛共识，游戏上升为儿童一项人权成为一种国际趋势，这体现了社会的文明和进步。

二 基于儿童游戏权屡受侵害的现状

喜爱游戏是儿童的天性，儿童通过积极地、主动地、自发地参与各种游戏活动，并从中体验乐趣，获得发展。游戏，作为儿童生活和儿童文化的一个自然而重要的组成部分，并不仅仅意味着"玩"，甚至也不仅仅是儿童用以理解世界的手段，它实际上是儿童存在的一种形式，是儿童生存的一种状态。[①] 因此，对于学前儿童来说，游戏就是一种学习、活动、适应、生活或工作。国家的多部幼教法规均提到在幼儿园里应以游戏为基本活动，尽管如此，在中国传统"重读书、

---

① 边霞：《儿童的艺术与艺术教育》，江苏教育出版社2006年版，第22页。

轻游戏"的文化生态里和现实生活中重"功利"的教育价值取向下，游戏在幼教领域无法获得一块"合法的栖身地"。① 尤其是在当下社会竞争日趋激烈的环境里，家长们在"不让孩子输在起跑线上"口号的蛊惑下，让孩子们过早地背负起沉重的学习负担，儿童游戏权被剥夺的现象比比皆是。

天津市妇联与天津市家教研究会 2008 年曾对天津市 9 个区县 1054 位未成年人的父母进行了问卷调查，结果发现：在孩子上学前 88.6% 的父母曾经教孩子识字、算数等知识；28.2% 的父母让孩子学外语；20.3% 的父母让孩子学习小学的课程。② 孩子游戏权被剥夺的现象不只在家庭，也包括幼儿园，只不过在幼儿园里更为隐蔽。幼儿教师在把游戏引入幼儿园教育教学活动过程中，更多的是把它作为一种实现教学目的的手段，忽视了幼儿在游戏中的主动性、主体性及内心体验。因此，这种只有游戏外壳而无游戏灵魂的游戏不是真正意义上的游戏，而是一种"伪游戏"。正如有的学者所言，"儿童游戏不仅仅是作为一种行为或活动而存在，更是作为一种精神特质而存在。……当游戏一旦沦为教师操控儿童与教学的手段，游戏便徒有其表面上的活动形式，而无其真正的游戏体验之实质。正所谓'不是儿童在游戏，而是在游戏儿童'"③。

如果说幼儿园大量存在的"伪游戏"相对来说比较隐蔽的话，那么作为儿童游戏主要操作对象的玩具对儿童的危害则是比较公开化、普遍化。据报道，目前国内市场上 70% 的塑料玩具含有危害儿童健康的邻苯二甲酸酯，而出口欧盟、美国的儿童玩具均不含有此类物质，都是中国企业生产的玩具，内销产品使用有毒的染料和原料，外销产品使用无毒的染料和原料。④ "毒玩具"只伤害中国孩子，外国孩子能免于受害，这是何等鲜明的对比，又是何等严酷的事实！⑤ 20 世纪初，

---

① 刘焱：《儿童游戏通论》，北京师范大学出版社 2004 年版，第 4 页。
② 关颖：《家庭教育之本：对儿童权利的尊重与保护》，《青少年犯罪问题研究》2009 年第 5 期。
③ 丁海东：《儿童教育的人文解读》，山东教育出版社 2008 年版，第 205 页。
④ 国内玩具市场之所以坚持一高一低双重标准，是因为自欧盟颁布新的标准之后，出口玩具不再含有邻苯二甲酸酯，而国内没有禁止性规定，因此商家出于成本考虑，内销玩具仍然大量使用邻苯二甲酸酯。
⑤ 潘洪其：《毒玩具专销国内谁之过》，《理论导报》2011 年第 6 期。

鲁迅先生在批判封建旧教育时曾发出过"救救孩子"的强烈呼声，作为一个学前教育研究者，在面临儿童游戏权如此普遍受侵害的现状面前，有责任为中国一亿多学前儿童发出他们心中的呐喊"救救我们，还我们游戏权"，而这正是笔者选择该论题的研究热情之所在。

三　基于国内儿童游戏权保护法律法规的缺失

尽管《儿童权利公约》早在 1989 年就已经在联合国大会上通过，中国也于 1990 年签署了该公约，并在 1992 年成为该公约的第 110 个批准国。但是对于儿童游戏权的保护仍然是一片空白，这一方面与民众观念里轻视游戏文化因素有关，另一方面也与游戏权法律法规的缺失有关。就国内儿童游戏权保护的法律法规而言，虽然几部幼教法规屡次提到要以游戏为基本活动，但缺乏强制力和可操作性，同时立法层次也很低；在被誉为保护儿童权益"宪法"的《未成年人保护法》（该法于1991 年颁布，2006 年修订）里，虽立法层次高，对儿童权益的保护也做了全面的规定，但多为宣示性、指导性条款，缺乏可操作性。而且对于儿童游戏权的保护既没有单独列出，也没有具体表述；另外在《九十年代中国儿童发展规划纲要》（1992）、《中国儿童发展纲要（2001—2010）》（2001）以及《中国儿童发展纲要（2011—2020）》（2011）等作为履行《儿童权利公约》的三个国家行动方案里，其相关的条款和保障措施的规定，也多为针对儿童生存权、发展权和受保护权等儿童一般性权益的保障而提出，儿童游戏权的保护难觅其踪。儿童游戏权被侵害与国内相关法律法规的缺失有一定关系，如何完善相关立法，能否在《未成年人保护法》或当前正在加紧研制的《学前教育法》中增加相应的游戏权保护条例，并为此提出一些有益的立法建议，这一切都勾起了笔者对该论题的研究欲望。

第二节　研究现状

通过相关文献检索，笔者发现以往关于儿童游戏权利的研究为数不多，可以说在学前教育研究领域属于比较薄弱的环节。就目前所能查到的文献来看，与这一选题直接相关的研究非常少。在对这些文献进行综合考察之后，笔者试从国内外两个方面对与之相关的主要文献作一简要分析。

一 国外研究现状述评

国外在儿童游戏权方面的研究是近年来的事情，特别是在《儿童权利公约》颁布之后。在对这些文献进行梳理之后，发现国外在儿童游戏权研究方面大致呈两条主线：一是把儿童游戏权放在《儿童权利公约》这个大系统中去考察，对《儿童权利公约》涉及的儿童各项重要权利进行比较和分析。这方面有三个代表人物，如"伦敦大学国际儿童权利项目"主任 G. V. Bueren 教授、Sharon Detrick 博士和 Andre Alen 先生。G. V. Bueren 教授在《儿童权利的国际法研究》[①] 一书中对《儿童权利公约》中所涉儿童权利作了详尽的分析；Sharon Detrick 博士则在其博士学位论文《联合国儿童权利公约述评》[②] 中全面探讨了《儿童权利公约》内容；Andre Alen 在 2005 年也写成了《联合国儿童权利公约述评》[③] 一书，但在结构上与 Sharon Detrick 博士不同。Sharon Detrick 博士体例基本上是逐条对各项权利的具体分析，而Andre Alen 主要是从法条介绍、相关国际人权提供比较和权利范围等三个方面进行研究的。二是单独就《儿童权利公约》第 31 条进行全面分析和解读。这方面也有三个代表人物，如 David Paulo 在其著作《儿童权利公约评论（第 31 条：休闲、游戏和文化权利）》[④] 专门论述了儿童游戏权的权利性质及保护问题；Clements，Rhonda L. & Fiorention，Lea 则在《儿童游戏权：一个全球性路径》[⑤] 一书中，探

---

① Geraldine van Bueren, *The International Law on the Rights of the Child*, Martinus Nijhoff Publishers, 1995, p. 19.

② Sharon Detrick, *A Commentary on the United Nations Convention on the Rights of the Child*, Martinus Nijhoff Publishers, 1999, p. 67.

③ Andre Alen（ed.）, *A Commentary on the United Nations Convention on the Rights of the Child*, Leiden：Nijhoff, 2005, p. 78.

④ David, Paulo, *Commentary on the United Nations Convention on the Rights of the Child, Article 31：The Right to Leisure, Play And Culture*, Martinus Nijhoff Publishers, Leiden. Boston, 2006, p. 47.

⑤ Clements, Rhonda L. & Fiorention, Lea, *The Child's Right to Play：A Global Approach*, Hofstra University, 2004, p. 96.

讨了全球视野下儿童游戏权的保护问题；Ciara. Davey. & Laura. Lundy 在《加深对儿童游戏权的理解：基于〈儿童权利公约〉31 条的分析》① 一文中从儿童视角详细阐述了儿童游戏权的内涵，并为英国儿童权利委员会提出了一些保护儿童游戏权的建议。国际组织在国外儿童游戏权研究上也扮演着重要的角色，国际儿童游戏权协会（International Play Association）就是一个保障儿童游戏权的组织。该组织曾向联合国的儿童权利委员会建议发布了十三个对各成员国具有准法律性质一般性意见，并且还开展了儿童游戏权的调查咨询活动，于 2010 年形成了"世界性的咨询报告"，该报告指出了当前孩子游戏权被剥夺的具体原因。此外，该组织委托了两位英国学者 Stuart Lester 和 Wendy Russell 撰写了《儿童游戏权：游戏在全球儿童生活中重要性的考察》② 一文，该文对儿童游戏权的内涵、价值及实施作了详细论述，为世界范围内儿童游戏权的保护提供了有力的证据。国外在儿童游戏权研究上开展较早，也较为深入和细致，这些研究成果为本课题提供了很好的借鉴，但游戏权毕竟是一个基于中国法律框架下的儿童权利，中国有特殊的国情，如何构建出适合中华文化体系又能与世界儿童游戏权保护对接的儿童游戏权保障理论体系和实践框架才是我们迫切所需的。

二 国内研究现状述评

从目前所能查阅的文献来看，国内关于儿童游戏权利的研究是非常少的。在专著方面，目前还没有专门探讨游戏权的专著，只有在部分专著的部分章节中提到了儿童的游戏权，在研究群体上多为学前儿童教育方面的学者，研究内容上也多为学前儿童的游戏。如刘晓东教授和卢乐珍教授等合著的《学前教育学》③ 中的第十二章"学前儿童的游戏"的第六节"儿童游戏权利的保护"中专门阐述了这个问题，

---

① Ciara. Davey. & Laura. Lundy，*Towards Greater Recognition of the Right to Play*: *An Analysis of Article 31 of the UNCRC*. Children & Society Vol. 25，No. 3，June 2011.

② 国际儿童游戏权协会 [EB/OL]. http://ipaworld. org/category/about – us/declaration/.

③ 刘晓东等：《学前教育学》（第三版），江苏教育出版社 2004 年版，第 35 页。

他们从儿童游戏权利保护的意义、儿童游戏权利保护的有关规定及儿童游戏权的社会保护等三个方面探讨儿童游戏权利保护问题。虽在论述方面稍显单薄和浅显，但在专著中论述儿童游戏权利尚属首次。此后，储朝晖博士在其著作《中国幼儿教育忧思与行动》[①] 中也有涉及，其在第二章"中国幼儿教育之忧"第八节"权益保护之忧"中就提到幼儿游戏权是经常受到侵害的权利之一，并就幼儿权益的保护提出了自己的一些看法。另外，南京师范大学邱学青教授在其专著《学前儿童游戏》（第四版）[②] 中第一章第三节第三部分就专门论述了"游戏是儿童的权利"。邱教授主要从儿童有满足游戏愿望的权利、儿童有自主游戏的权利、儿童有充分游戏的权利三个部分来阐述儿童游戏权利。在期刊论文方面也是非常少的，研究者也多从游戏时间、空间和材料三方面来谈保障儿童游戏权[③]，或者从社会角度来谈儿童游戏权保护[④]；也有学者专门为中小学生的游戏权进行辩护[⑤]；还有学者从游戏权价值等涉及儿童游戏权本质角度来论述儿童游戏权价值及其保护问题。[⑥] 总之，国内在儿童游戏权研究方面还处于起步阶段，研究人数少、研究范围窄、研究角度单一。并且从研究深度来看，研究者们在论述时多为强调游戏对儿童发展的重要性，并从这个方面来谈如何保护儿童游戏权利，与其说是保护儿童游戏权，毋宁说是保护儿童的游戏。研究深度不足与研究角度有密切关系，从法学视角来探讨儿童游戏权利问题目前处于空白状态，或许这正是本书的可能创新之处。

总的来看，国外在儿童游戏权研究方面比国内更为深入、更为细致、更为成熟。在对国内儿童游戏权保护进行研究时，这些国外研究成果能给笔者带来至少两点启示：一是从游戏权的设定来看，目前国

① 储朝晖：《中国幼儿教育忧思与行动》，南京师范大学出版社 2008 年版，第 226 页。
② 邱学青：《学前儿童游戏》（第四版），江苏教育出版社 2008 年版，第 43 页。
③ 何媛：《论保障儿童游戏的时间和空间》，《四川教育学院学报》2005 年第 6 期。
④ 邱学青：《中国儿童游戏权利的社会保护问题》，《幼儿教育》1997 年第 6 期。
⑤ 李敏：《试论中国中小学生的"游戏权"》，《江西教育科研》2006 年第 9 期。
⑥ 丁海东：《儿童游戏权的价值及其在中国的现实困境》，《东北师范大学学报》（哲学社会科学版）2010 年第 5 期。

内法还没有明确的法律条文，这个概念的来源主要还是依据国际法《儿童权利公约》第 31 条，但是就国内法与国际法之间关系的问题上，中国法律的规定是"条约优先适用"，而且当国际条约与国内法发生冲突时，中国大部分学者认为，应优先适用条约。[①] 因此，儿童游戏权应属儿童的一项法定权利，对它进行确认和保护是应世界人权发展的潮流所趋。二是国外在儿童游戏研究方面虽成果颇丰，但是中国有自己的国情，如何在借鉴的基础上更好地探寻适合本国国情的儿童游戏权保护措施是当务之急，也是本书的巨大空间之所在。当然，科学研究往往是"站在巨人的肩上"前进的，国内外学者在儿童游戏权利方面进行的这些有益探讨为本书提供了广阔的沃土。

第三节　研究目的和意义

一　研究目的

游戏权是一项专属儿童的特殊人权，虽然早在 1989 年就已经在《儿童权利公约》中明确规定了，但由于各种原因，儿童游戏权保护仍然不尽如人意。本书试图通过从法学视角建构游戏权理论体系，为儿童游戏权保护提供理论依据；同时也希望通过对国际儿童游戏权保护措施的比较，以及对国内儿童游戏权保护现状的揭示，为中国文化背景下儿童游戏权保护指明出路，具体目标分述如下：

（1）通过对儿童游戏权之游戏概念的界定，澄清公众对游戏的认识，改变当前幼教领域普遍存在的"重上课、轻游戏"、"重教师编制的教学游戏，轻幼儿自发的自由游戏"、"理论上、口头上重视游戏，实践上、行动上轻视和忽视游戏"的现象。

（2）通过对儿童游戏权性质、内容、特征、价值取向的解读，使人们对于儿童游戏权有一个全面而清晰的认识，从而在日常生活中自觉尊重和维护儿童的游戏权。

（3）通过对幼儿家长及幼儿教师问卷和访谈，客观呈现当前理论界和实践界对于儿童游戏权利的观念、态度，揭示儿童游戏权得不到

---

① 　李步云等：《人权法的若干理论问题》，湖南人民出版社 2007 年版，第 13—38 页。

保护的背后原因，为切实保护儿童游戏权提出科学合理的策略。

（4）通过介绍国外在儿童游戏权保护方面的法律法规，让公众了解儿童游戏权保护方面的一些国际通行做法，为本国儿童游戏权立法提供借鉴。

二　研究意义

（一）理论意义

从理论上看，由于我国儿童权利观念相对缺乏，儿童权利理论研究也相对不足，对于儿童权利中比较特殊的一项权利——游戏权利的研究更是认识不足。本研究通过对学前儿童游戏权利的相关理论进行探讨和分析，对我国学前儿童游戏权利理论体系建构将有积极作用，同时对推动我国学前儿童游戏权利保护的具体制度设计及运作也有十分重要的意义。

（二）实践意义

从实践上看，虽然早已经确立了游戏的基本活动地位，但在幼儿园教育实践中，学前儿童游戏权利被剥夺的现象比比皆是。各种教师导演和控制的游戏活动充斥着幼儿园，这些披着游戏的"合法外衣"的所谓游戏活动，违背了幼儿的真实意愿，未关注幼儿在游戏过程的游戏性体验，远离了游戏的本质，"幼儿游戏"变成了"游戏幼儿"。本研究通过对幼儿园教育实践中儿童游戏权利的现状调查和分析，深入探求学前儿童游戏权利屡受侵犯的真实原因，将对转变幼儿教师的教育观念，培养其儿童游戏权利意识具有重要的现实意义，同时本研究所试图构建的儿童游戏权利保护体系将对改善儿童生存和发展环境，促进儿童游戏权利的实现产生积极意义。

第四节　研究思路和方法

一　研究思路

本书首先通过儿童观、儿童权利观及儿童游戏观等三条主线，对游戏权利思想的形成过程作了一番梳理，同时从国际和国内两个角度对儿童游戏权的法律化进程作了一个分析。其次对儿童游戏权的存在基础及其正当性问题进行了论证，明确了儿童游戏权合理性及合法性。在此基础上对儿童游戏权的基本理论问题（内涵、特征及价值）进行了探讨。再次，通过运用比较法对国外先进儿童游戏权保护政策进行介绍，为中国儿童游戏权保护提供借鉴。最后，通过综合运用问卷、访谈及观察相结合的方法，客观呈现国内儿童游戏权保护的现状，并仔细分析现状形成背后的深层原因。在此基础上，从观念、实践、立法和司法等四个层面全方位探讨了儿童游戏权在中国的实现。具体研究流程见下图 1-1 所示。

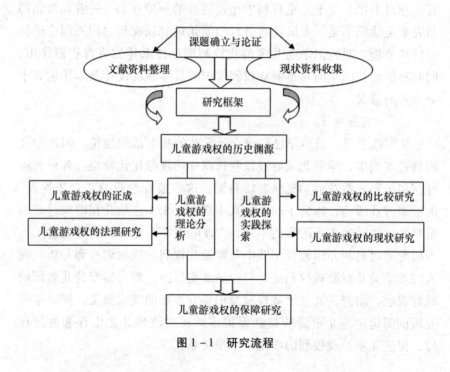

图 1-1　研究流程

二　研究方法

根据上面的思路，本书采用的研究方法有：

（一）文献法

文献，指记录有知识的一切载体（文献著录总则），即以载体形式传递知识。文献是记载人类知识的最重要手段，是传递、交流研究成果的重要渠道和形式，作为一种主要情报源和信息源，是进行教育科学研究的重要部分。[①] 所谓文献法，"主要是指搜集、鉴别、整理文献，并通过对文献的研究形成对事实的科学认识的方法"[②]。文献法强调文献的作用，便于研究者获得历史的信息，具有便捷、灵活的特点。文献法是本书的主要研究方法。通过反复阅读大量国内外游戏、儿童游戏、儿童权利，以及儿童游戏权的论文、著作、教材、政策法规、年鉴、新闻报道、会议记录、国外相关部门的网站等文献，力求文献的搜集、引用和分析全面客观。同时对相关文献资料做重点阅读和学习，注意不同文献的相互补充，并做分析归纳和提炼。

（二）比较研究法

比较，指根据一定的标准，把彼此有联系的事物放在一起进行考察，寻找其异同，以把握研究对象所特有的质的规定性。比较研究是确定对象间异同的一种逻辑思维方法，也是一种具体的研究方法。[③] 比较研究的一个基本假设就是，通过比较能达到某些一般性的认识。本书试图通过对英国、墨西哥、日本等三个国家儿童游戏权方面的立法政策的比较分析，提炼出一些儿童游戏权立法方面的共性的东西，为本国儿童游戏权保护提供借鉴。

在选择研究对象时考虑了两个因素：一是研究的代表性。这三个国家和地区分别代表存在于西方社会的两大法系（英美法系和大陆法系），它们在儿童游戏权保护方面的异同，对于中国的儿童游戏权立法有一定的启示；另外，这三个国家和地区也代表着欧、美、亚三大洲，美国虽然在儿童游戏权方面有着比较完善的儿童游戏权保护制度，但由于美国尚未加入《儿童权利公约》，故不选美国作为比较对象。二是研究资料的便捷。在英国不但有大量的游戏法律法规和政策，还有为数众多的民间游戏权保护组织；在墨西哥的法律体系里，已有儿童游戏权的专门法律条例；而在亚洲的日本，早在1947年制定的《儿童福利法》中就有保护儿童游戏的相应法律规定；因此，

---

① 裴娣娜：《教育研究方法导论》，安徽教育出版社1995年版，第88页。
② 杨丽珠：《教育科学研究方法》，辽宁师范大学出版社2003年版，第265页。
③ 裴娣娜：《教育研究方法导论》，安徽教育出版社1995年版，第223页。

在儿童游戏权保护方面可获取大量的资料。

（三）调查研究法

调查研究是一种描述性研究，是通过对原始材料的观察，有目的、有计划地搜集研究对象材料从而形成科学认识的一种研究方法。教育科学中的调查研究法是在教育理论的指导下，通过运用观察列表、问卷、访谈、个案研究以及测验等科学方式，搜集教育问题的资料，从而对教育的现状作出科学的分析认识并提出具体工作建议的一整套实践活动。[①] 本书运用此方法主要目的在于了解儿童游戏权在国内不被重视背后的原因何在，公众对于儿童游戏权的态度和认识如何，学前教育的理论和实践工作者在儿童游戏权保护方面有何建议等，以期为科学提出中国儿童游戏权保护的对策、完善儿童游戏权保护立法方面提供依据。为了更全面地搜集资料，揭示儿童游戏权普遍受侵害的原因，本书采用问卷调查、访谈调查及观察相结合的方法。

1. 问卷法

问卷调查是以书面提出问题的方式搜集资料的一种研究方法。[②]问卷法是一种省时、省力、省钱并能搜集大样本信息资料的一种研究方法，为了更好地发挥问卷法的优势，问卷的编制、被试的选择以及结果的统计分析非常关键。为此，本书在问卷编制时采用综合型（以封闭型问题为主，根据需要加上若干开放性问题）问卷，在设计问题时主要围绕游戏观、游戏权内容观及游戏权保护观等三个维度。首先，在问卷设计好之后，选取南京某幼儿园教师和家长作为试测对象，以便更好地完善问卷。其次，在问卷发放方式方面，也为了最大范围获取有效资料。因此，本书主要采用现场发放的方式进行。最后，在问卷回收之后，采用 SPSS 17.0 软件进行数据分析，确保研究结论的可靠性。

2. 访谈法

访谈，就是研究性交谈，是以口头形式，根据被询问者的答复搜集客观的、不带偏见的事实材料，以准确地说明样本所要代表的总体的一

---

① 裴娣娜：《教育研究方法导论》，安徽教育出版社1995年版，第158页。

② 同上书，第167页。

种方式。① 考虑到访谈法的一些局限性，本书仅把这种方法作为一种辅助手段。访谈的对象也主要围绕幼儿教师和家长，采取非结构化的访谈方式，访谈地点也不受局限，教室、办公室及室外都是可以随机进行，让受访者在一种轻松愉快的氛围下进行，尽量收集到有效的资料。

3. 观察法

所谓观察法，是指研究者根据一定的研究目的，制定相应的研究计划，通过感觉器官和辅助设备，对处在自然状态下的客观事物进行系统考察，从而获得信息资料的一种科学研究方法。② 由于本书作者在实证研究部分主要是针对幼儿家长和幼儿教师观念和行为进行的，故在运用观察法时主要围绕幼儿教师和家长的实际教育行为来收集案例，以客观呈现幼儿家长和教师对儿童游戏的行为。在观察记录方法上采取事件取样法，侧重记录那些对儿童游戏权保障有利或不利的行为，并进行分析。

第五节 核心概念界定

一 儿童

儿童在历史发展的不同时代、不同的文化背景，甚至不同的学科下，都有着不同的内涵。儿童作为一个法律概念，在不同的文化背景下也存在着冲突，如有的国家或地区，特别是处于热带地区的国家和贫穷国家，因儿童成熟较早或贫困儿童众多，使得这些国家或地区难以负担众多儿童的生活，成年年龄规定偏低，从 13 岁到 18 岁不等。③另外，即使在同一个国家，不同的法律体系中对儿童也有不同的理解。如在中国《刑法》中，儿童指 16 岁或其以下的人④；《民法》中

---

① 裴娣娜：《教育研究方法导论》，安徽教育出版社 1995 年版，第 180 页。

② 田学红：《教育科学研究方法指导》，浙江大学出版社 2006 年版，第 32 页。

③ 王雪梅：《儿童权利论：一个初步的比较研究》，社会科学文献出版社 2005 年版，第 6 页。

④ 《刑法》把刑事责任年龄划分为三个阶段：16 周岁以上为完全刑事责任年龄；14 至 16 周岁为相对负刑事责任年龄（犯八种重罪应付刑事责任，因此称相对负刑事责任年龄）；14 周岁以下为完全无刑事责任年龄。

规定不满 18 岁的为儿童[①]；而《义务教育法》中，儿童则是指 15 岁或以下不超过适学学龄的人；《未成年人保护法》中则把未成年人定义为不满 18 周岁的公民。但一般而言，国际上通行的惯例是把未满 18 岁的非成年人视为儿童，可见年龄是对儿童做出明确法律界定的关键所在。1989 年通过的《儿童权利公约》对于儿童的年龄标准有着比较清楚的解释，该法第 1 条规定，"为本公约之目的，儿童系指 18 岁以下的任何人，除非根据对该儿童适用之法律，该儿童在 18 岁之前成年"。[②] 可见，《儿童权利公约》把儿童年龄上限原则规定为 18 岁，同时也为了照顾某些国家把成年人的年龄提前，而允许其不受 18 岁这一上限的约束。我们国家基本上是采取这一年龄标准，这从《未成年人保护法》中的规定就可以看出来，因为这是一部为了落实《儿童权利公约》精神，实现与其对接的一部国内法律。可以看出，我们国家关于儿童的年龄标准定为 0—18 岁，考虑到研究者所学专业为学前教育专业，而且游戏对于学前儿童的重要性远远超出其他任何年龄阶段的人，因此，本书所指儿童仅指 0—6 岁的学前儿童，小学生和中学生的游戏权保护不在探讨之内。

二 游戏

游戏虽然是人类社会的一个普遍现象，但仍然是一个未解之谜；游戏虽然有如此多的学者研究过它、定义过它，但仍然没有一个统一的让所有人信服且能概括游戏全面的完整定义，这也许就是游戏的魅力所在。本书主要从法学视角来探讨儿童游戏权的保护，并依据研究结论提出立法建议，因此可操作性是一个重要特征。为此，在对儿童游戏进行界定时一定要注意具体、明确、便于区分。考虑本书的对象为学龄前儿童，结合 1979 年《儿童游戏权利宣言》第五条对儿童游戏的表述："游戏是源于内在动机，自发且自愿"（play is instinctive,

---

① 《民法》规定年满 18 岁的人为完全民事责任责任人，但对于年满 16 周岁不满 18 周岁的以自己劳动收入为主要来源的，视为完全民事责任年龄。

② Sharon Detrik. *A Commentary on the United Nations Convention on the Rights of the Child* Kluwer Law International，1999，p. 54.

voluntary, and spontaneous）①，故本书将儿童游戏权之游戏界定为：由自发性或引诱性因素激起，触动儿童想玩并主动积极参与的快乐活动。其中自发性因素是指不经过任何媒介儿童自发产生想玩的动机（或称为内部动机），而引诱性因素则是由各种有形（玩具、游戏设施、材料等）或无形（声、光、电等）的媒介诱发儿童产生想玩的动机（或称为外部动机）。而活动则既包括有规则的又包括无规则的活动，但儿童都能主动积极参与并体验到快乐。

三 游戏权

游戏权是伴随着国际人权法发展而出现的一项专属儿童这个特殊群体的人权，但从人权发展的历程看，大致经历了三代人权，第一代人权主要是公民权利和政治权利；第二代人权主要是经济、社会和文化权利；第三代人权主要是集体人权。游戏权到底属于哪类人权呢？本书认为，游戏权是比较复杂的一种人权，这种复杂性决定了我们不能简单地将其归为哪一类具体的人权，它兼具有三代人权的特点。其中，自由权是游戏权的首要内容和核心，这是由游戏的自由特性所决定的；同时，由于各地经济、社会、文化水平的差异，国家必须履行积极义务，为弱势地区的儿童创造条件，保障均等的游戏条件和机会，因而社会权是游戏权的另一特性。同时，游戏权是属于儿童这个特殊群体的，因而也带有集体人权特性。因而，游戏权兼具自由权和社会权双重特性，但以自由权为主。换言之，游戏权既是自由权又是社会权，但它首先是自由权。据此，本书将游戏权界定为：游戏权是一种以自由权为主兼有社会权特性的专属于儿童这个特殊群体的人权。

---

① 国际儿童游戏权协会［EB/OL］. http：//ipaworld. org/category/about - us/declara-tion/。

第二章 回溯与重拾：儿童游戏权的历史考察

第一节 游戏权利思想的形成

"儿童""儿童权利""游戏"在历史发展的不同时代、不同文化背景下有不同的内涵，对它们的理解直接决定了人们对儿童游戏的态度。从人类历史发展历程看，游戏成为儿童的一项权利的思想的产生经历了艰辛而漫长的磨难，厘清中西儿童观、儿童权利观及游戏观演变历程对我们理解游戏权的本质至关重要。

一 儿童观及儿童权利观的历史演进

所谓儿童观是人们对儿童总的看法和基本观点，或者说，是人们在哲学层面上对儿童的认识。① 儿童权利观从某种程度上讲是受制于儿童观的，有什么样的儿童观就会产生什么样的儿童权利观。鉴于儿童观与儿童权利观是相互影响、相互制约的关系，研究者将儿童观与儿童权利观合并在一起进行考察和分析。

（一）中国儿童观及儿童权利观的历史演进

1. 原始社会的儿童观及儿童权利观

早在原始社会，人类面临的主要问题是如何在恶劣的环境下生存下来，为了防止人口过剩，很多婴儿在出生后就被弃之荒野或杀死。即使幸存下来，也不过被当作氏族部落的公共财产，成人可以任意处

---

① 刘晓东：《儿童教育新论》（第二版），江苏教育出版社 2008 年版，第 3 页。

置。显然，在原始社会儿童是不被当作人的，毫无权利可言。

2. 奴隶社会的儿童观及儿童权利观

进入奴隶社会之后，作为一种祭神求福仪式的礼经过周公的改造而发展成为一种维护宗法等级制度的重要工具。礼的基本原则是"亲亲""尊尊"。其中"亲亲"的要求是父慈、子孝、兄友、弟恭，它的核心是"孝"，所谓"亲亲父为首"；"尊尊"的要求是下级服从上级，各级贵族都要听命于天子，它的核心是"忠"，所谓"尊尊君为首"①。在这种宗法等级制度下，儿童无论是在"家"或在"国"，都是处于卑微的地位。在家中，儿童要绝对服从父亲，是依附于父亲的，没有独立人格，没有自身权利。

尽管此时仍然是没有儿童概念的，但在儿童权利保护方面已经初见端倪，如在《礼记·曲礼上》记载："八十、九十曰耄，七年曰悼。悼与耄，虽有罪，不加刑焉。"意思是80岁以上的老人和7岁以下的儿童犯罪，不承担刑事责任；而在《周礼》中有"三赦"的规定："一曰幼弱，二曰耄耋，三曰愚蠢。"② 指幼年、老年和智障这三种人犯罪可以得到赦免。值得注意的是，这种初见端倪的儿童权利保护仅仅是出于成人慈幼、恤幼的本能。整个社会对儿童权利的法律保护也是非常有限的，这也与原始社会遗留下来的同态复仇习惯及各种任意处置儿童、残害儿童生命权的现象普遍存在的社会大环境有关。

3. 封建社会的儿童观及儿童权利观

到了封建社会，随着礼崩乐坏，宗法制度逐渐衰弱，但保存下来的宗法精神与儒家学说结合，形成了中国特有的封建伦理政治制度。在"君君臣臣父父子子"的纲常伦理中，父亲在家庭中的地位和权利是至高无上的，家庭成员都必须服从家长，儿童更是被看作父亲的财产，可以任意处置，所谓"父要子亡，子不得不亡"，儿童无任何权利和地位可言。正如周作人所言："以前的人对于儿童多不能正当理解，不是将他当作缩小的成人，拿'圣经贤传'尽量地灌下去，

---

① 王立民：《中国法制史》（第二版），上海人民出版社2007年版，第30页。
② 张晋藩：《中国法制史》，高等教育出版社2003年版，第34页。

·17·

便将他看作不完全的小人，说小孩懂什么，一笔抹杀，不去理会。"①儿童的主体性失落在伦理纲常窠臼里，中国古代教育史上广为流传的三部蒙学教材《三字经》《百家姓》《千字文》里，无不渗透着伦理道德说教。在教育儿童中，"三天不打，上房揭瓦""棒头下出孝子"等俗语都反映出这种子子的儿童观。

在儿童权利保护方面，此时比奴隶社会进步许多。如汉惠帝曾下诏："民年七十以上若不满十岁，有罪当刑者，皆完之。"对老幼不施肉刑，是恤幼的表示；汉景帝时规定："年八十以上、八岁以下，及孕者未乳、师、侏儒当鞫系者，颂系之。"颂系指不戴刑具，也是恤幼的表现。一直到唐代，在古代最著名的法典《唐律》中将幼弱减免刑罚的制度确立下来，并为以后各朝代所沿用。其中规定：凡年在七十以上、十五以下及废疾，犯"反逆"杀人等罪，可以上请减免，而"九十以上、十以下，虽有死罪不加刑"②。尽管对儿童权利的法律保护仍然是出于慈幼、恤幼的本能，但已与封建伦理纲常紧密结合，目的"在于国与家的政治经济利益，被用作齐家治国、富国强兵的政治手段，作为社会政治伦理维系君君、臣臣、父父、子子的封建伦常关系"③。这一时期在儿童权利保护方面仍然非常有限，子女绝对服从家长，家长对子女拥有生杀予夺的权力是受国家法律保护的，如《汉书·食货志》中就有记载，汉高帝曾颁布诏令："民得卖子。"

4. 近现代社会的儿童观及儿童权利观

到了近现代，西方殖民者用坚船利炮打开了中国的大门，西方文化包括西方的儿童观思想也随之输入中国。西方的儿童观思想进入中国最初是和国家、民族的命运联系在一起的。西方列强的入侵给中华民族带来了深重的灾难，以康有为、梁启超为代表的启蒙思想家站在国家前途、民族命运的高度提出了儿童概念，儿童成为国家和民族的希望，因此，此时的儿童观是一种国家、社会本位的儿童观。尽管当时中国的儿童观仍然受儒家思想影响至深，但是这种国家、社会本位的儿童观却给

---

① 周作人：《儿童文学小论》，河北教育出版社2002年版，第38页。
② 肖树清：《中国法制史简编》（上册），山西人民出版社1981年版，第312页。
③ 王勇民：《儿童权利保护的国际法研究》，法律出版社2010年版，第27页。

当时漆黑一片的儿童观世界带来了一丝光明和希望。真正提出儿童本位的儿童观是在"五四运动"之后，儿童本位儿童观的提出一方面与新文化运动在力争解放人的同时高度关注儿童问题，并要求把儿童从旧文化中拯救出来有关；另一方面也与杜威来华讲学，大力宣传其儿童本位思想有关。当时大力提倡儿童本位儿童观的代表人物有文艺领域的鲁迅、丰子恺以及教育领域的蔡元培、陶行知、陈鹤琴等人。

　　鲁迅是这方面的急先锋，他不仅对传统儿童观及传统文化毒害儿童深恶痛绝，而且还为建立新的儿童观摇旗呐喊。他在《我们现在怎样做父亲》一文中对传统儿童观批判道："父对于子，有绝对的权力和威严；若是老子说话，当然无所不可，儿子有话，却在未说之前早已错了。"[1] 同时，他又指出，"长者对于子女，义务思想需加多，而权利思想却大可切实核减，以准备改作幼者本位的道德"。这实际上具备儿童本位思想了。更难能可贵的是，他还从进化论的角度提出，"后起的生命，总比以前的更有意义，更近完全，因此也更有价值，更可宝贵；前者的生命，应该牺牲与他"。这已经蕴含了儿童崇拜思想。现代儿童崇拜者当首推丰子恺，他在文艺领域对传统儿童观进行了激烈的批判，认为传统儿童观往往是"成人不了解儿童的心理世界；人们看到儿童是准备做成人的，却忽视了这种准备期的生活；成人把儿童当作小大人，看不到儿童有其不同于成人的精神生活"，在这种批判中隐含了他的儿童本位思想。

　　在教育领域，儿童本位思想成为这些教育家创建教育理论的要旨。被誉为"近现代教育之父"的教育家蔡元培先生，曾于1918年5月30日在天津中华书局直隶全省小学会议欢迎会上发表演讲："夫新教育所以异于旧教育有一要点焉，即教育者非以吾人教育儿童，而吾人受教育儿童之谓也。"[2] 这里其实就蕴含儿童是成人之师的儿童本位思想了。伟大的人民教育家陶行知先生更是从心理学、教育学的角度提出了尊重儿童、解放儿童的观点，他曾呼吁，"我们必须唤醒

---

① 鲁迅：《鲁迅散文（第一集）·我们现在怎样做父亲》，中国广播电视出版社1992年版，第402—403页。

② 沈洪善：《蔡元培选集》，浙江教育出版社1993年版，第525页。

国人明白幼年的生活是最重要的生活，幼年的教育是最重要的教育"①。同时，他也反对把儿童看作"小大人"，反对把成人意志强加给儿童，反对剥夺儿童游戏的权利。进而主张对儿童进行六大解放：解放儿童的头脑、双手、眼睛、嘴、空间和时间。② 而有中国"幼教之父"之称的陈鹤琴先生则可以说是中国最热爱儿童的人之一，他把毕生的精力都献给了中国的儿童教育事业。陈鹤琴先生的儿童观是建立在对儿童心理科学的实证研究基础上，他批判了常人儿童观的谬误，"以为儿童与成人一样的，儿童的各种本性本能都同成人一色的，所分别的，就是儿童的身体比较成人的小些罢了"③。认为儿童有好动心、模仿心、好奇心、游戏心、群居心、竞争心、畏惧心、争斗心、嘉许与谴责心等，针对儿童心理的这些特点，成人应该认识到儿童不是"小大人"，儿童心理与成人的心理不同样，儿童的时期不仅作为成人之预备，亦具有它本身的价值。④ 他的儿童观对新中国成立后中国的儿童教育起到了一定的指导作用。

伴随着西方科学儿童观的输入，对儿童权利的保护也有了进一步的改善和提高。在儿童权利保护立法上既继承了中国传统文化中自古就有的慈幼、恤幼思想，又在一定程度上凸显了现代民权意识。如，清末修订的《大清新刑律》规定：未满 15 岁及 80 岁以上犯罪的得减 1 等或 2 等；对未满 15 岁的犯罪者施以"感化教育"。⑤ 清王朝推翻之后，南京临时政府积极进行法制建设，确保资产阶级革命的胜利果实，其中保障民权是临时政府重要的立法指导思想。在 1912 年 3 月，临时政府颁布了《大总统令内务部禁止买卖人口文》，买卖儿童现象在法律上被禁止，保护了儿童权益。真正具有现代意义上的民权意识，并在立法上重视对儿童的关爱和保护是在中国共产党领导的民主根据地。为了革命事业的成功，出于培养革命后代的需要，儿童受到

---

① 刘晓东：《儿童教育新论》（第二版），江苏教育出版社 2008 年版，第 65 页。
② 胡金平等：《中外学前教育史》，高等教育出版社 2011 年版，第 88 页。
③ 北京市教育科学研究所编：《陈鹤琴教育文集》（上卷），北京出版社 1985 年版，第 1 页。
④ 同上书，第 8 页。
⑤ 康树华：《青少年法学》，北京大学出版社 1986 年版，第 34 页。

了前所未有的照料和教育，儿童的权利也有充分保障。如在《井冈山土地法》中关于土地的分配方法为"以人口为标准，男女老幼平均分配"①；1931 年《中华苏维埃共和国婚姻条例》中就有若干条款涉及对儿童的保护，并声明儿童是未来新社会的主人；② 同年颁布的《中华苏维埃共和国劳动法》中也有"未满十四岁的男女禁止雇佣"③的规定。这一切充分说明儿童的地位在中共民主根据地有前所未有的提高，儿童的人权保护意识开始萌芽。尽管在这个时期儿童权利保护有了较大改善，但不可否认的是封建家长制、父权至上的观念根深蒂固，以至"中国对儿童权利的认识总是为来自于传统的认识所修正"④。各种维护封建家长制的法律屡见不鲜，如袁世凯篡位后颁布的《暂行新刑律补充条例》就加强了对纲常礼教的维护，规定了"父母对子女的惩罚权"、"父母可以请求法院对子女施以六个月以下的监禁"⑤ 等，南京国民政府也有"卑幼犯尊长加重处罚"以及"父母得必要范围内惩戒其子女"⑥ 等漠视儿童正当权益，维护封建家长制统治的落后规定。

5. 当代社会的儿童观及儿童权利观

新中国成立后，儿童的命运与国家意识形态紧密相连。儿童不再是小大人，而是"祖国的花朵"、"祖国的未来"、"社会主义事业的建设者和接班人"，实质上仍然为一种国家本位的儿童观，对儿童权益的保护仍然是出于培养又红又专的接班人的政治目的。在"文化大革命"时期，儿童观如同钟摆又摆回到了"小大人"，幼儿园中正常的三餐两点被取消，以成人式的"盖浇饭"替之；儿童正常的生理需要成了"资产阶级生活方式"，儿童被迫像玩偶一样参加各种大型团体操表演

---

① 王立民：《中国法制史》（第二版），上海人民出版社 2007 年版，第 506 页。
② 王雪梅：《儿童权利论——一个初步的比较研究》，社会科学文献出版社 2005 年版，第 49 页。
③ 王立民：《中国法制史》（第二版），上海人民出版社 2007 年版，第 525 页。
④ 王雪梅：《儿童权利论——一个初步的比较研究》，社会科学文献出版社 2005 年版，第 48 页。
⑤ 王立民：《中国法制史》（第二版），上海人民出版社 2007 年版，第 440 页。
⑥ 同上书，第 475 页。

和大型运动会。① 此外，受传统文化的影响，还存在一些落后的儿童观，比如当时社会上比较流行的"老子英雄儿好汉，老子反动儿混蛋"的血统论的儿童观，给儿童教育和研究带来了巨大灾难。改革开放之后，人们对于儿童的认识逐渐回到正确的"以儿童的方式对待儿童"的轨道上来，伴随着国际人权法的发展，中国儿童观开始与世界接轨。

这一时期，国家对儿童的认识大大提高，儿童的地位和处境也大大改善，儿童教育及其他基本权益保护也得到了极大的增强。遗憾的是，国家虽一直视儿童为祖国的花朵，民族的未来和希望，但对于儿童能否成为权利主体，能否享有权利这样的问题一直没有认真思考，儿童权利观念在黑暗的道路上缓慢地前行着，直到 1989 年联合国《儿童权利公约》的颁布，儿童作为积极和创造性的权利主体观念才逐渐被公众所接受。随后，一系列与之相适应的法律法规文件相继出台，1991 年通过了《未成年人保护法》；1992 年通过了《九十年代中国儿童发展规划纲要》；1996 年通过了《幼儿园工作规程》；2001年通过的《中国儿童发展规划纲要（2001—2010）》；2011 年通过的《中国儿童发展规划纲要（2011—2020）》。这一切都昭示着儿童权利观念逐渐生成，具有中国特色的儿童法律保障框架也初步形成。尽管中国儿童权利观念已经初步生成，但受中国传统文化的影响，在儿童权利认识上还存在许多误区，与国际人权保护文件的精神和标准还相去甚远，如对儿童作为权利主体还有不少误解，对儿童权利的关注往往容易忽视站在儿童的立场上去研究儿童权利等，这些都是今后国内儿童权利研究工作努力的方向。

（二）西方儿童观及儿童权利观的历史演进

1. 原始社会的儿童观及儿童权利观

在原始社会，由于人类自我意识处于极低下的水平，也许根本就不存在"人"的观念，也就更谈不上有人类自我意识意义上的儿童观了。② 当时，生产力水平低下，为了缓解人口过剩带来的生活压力，

---

① 唐淑等：《中国学前教育史》，人民教育出版社 2002 年版，第 330 页。

② 周红安：《中西儿童观的历史演进及其在教育维度中的比较》，硕士学位论文，华中师范大学，2003 年。

很多孩子一出生就会面临抛弃或杀戮的命运，只有少数幸运儿生存下来，通过接受一些基本的训练就加入本氏族成员的狩猎活动中去。因此，此时的儿童概念根本不存在，更不用说儿童权利观了。

2. 古希腊、古罗马时期的儿童观及儿童权利观

到了古希腊、古罗马时代，杀婴、弃婴现象仍然很普遍，儿童属于国家或父母的私有财产，可以任意处置。在古希腊斯巴达人中，婴儿一出生就要接受长老的检查，合格者才能交给父母代替国家抚养，不合格者则被弃之荒野；而在古罗马，儿童的意志要绝对服从于父亲，父亲对子女有生杀予夺的大权，与雅典旧俗一样，婴儿一出生就要放到父亲脚下，由父亲决定是否留养或抛弃。可见，这一时期儿童概念也是不存在的。但在学术理论中，却出现了现代儿童观的先声。如柏拉图对儿童游戏意义的阐述；亚里士多德要求制定法律禁止暴弃婴儿；贾文纳尔提倡"给儿童以最大的尊严"；昆体良对童年生活重要性的阐述，"我们都生性自然地清楚地记着童年时期所吸收的东西"①。这些都说明，现代儿童观的萌芽已出现在当时学者的学术著作中，尽管民众意识里普遍没有儿童概念。

由于人类具有怜悯弱小的善良天性，因此在所有的文化当中都有儿童权利保护的内容，这在古希腊、古罗马的法律中多有体现。如古罗马的《十二铜表法》第8表第9条规定："根据十二铜表，如果成年人于夜间在犁耕的田地上践踏或收割庄稼，则处以死刑。犯有同样罪行的未成年人，则根据最高审判官的处理，或者给以鞭打，或判处加倍赔偿使人遭受的损害。"第14条规定："现行窃盗被捕，处笞刑后交被窃者除了；如为奴隶，处笞刑后投塔尔佩欧（Tarpeio）岩下摔死。如为未适婚人，由长官酌处笞刑，并责令赔偿损失。"② 这里的"未适婚人"即指未成年人。尽管这些措施对于儿童权利的保护由一定的积极意义，但这种出于恤幼本能的儿童保护措施只是儿童权利观念生成的土壤，儿童权利观念的萌芽、生长、发展还需要空气、温

---

① 周红安：《中西儿童观的历史演进及其在教育维度中的比较》，硕士学位论文，华中师范大学，2003年。

② 世界著名法典汉译丛书编委会：《十二铜表法》，法律出版社2000年版，第37页。

度、水分、阳光等其他条件。在整个社会无儿童概念的大环境里，儿童权利观念的种子不可能生根发芽。

3. 中世纪的儿童观及儿童权利观

在中世纪，西方流行着两种儿童观，一种是"原罪说"（也称"性恶论"），另一种是"预成论"。中世纪西方的文化教育完全由基督教会所控制，基督教的儿童观与其对人类本质的看法是一致的。基督教学者认为，"人类是灵魂堕落的表现，人类之罪不是出于个人行为的结果，而是有其始祖亚当和夏娃那里遗传下来的'原罪'"①。这种人性论思想运用到幼儿教育而形成的对幼儿的看法是，幼儿是带着"原罪"来到人世的，故生来性恶，人人只有历经苦难生活的磨难，不断赎罪，才能净化灵魂。为了得到未来天堂的幸福，人人应当听从教会的训诫，常年敬畏上帝，实行禁欲；应当从幼年起就抑制幼儿嬉笑欢闹、游戏娱乐的愿望，并采取严厉措施来制止这类表现。② 与"原罪说"并行的另一种儿童观是"预成论"，基本观点为，"当妇女受孕时，一个极小的、完全成形的人就被植入精子或卵子中，人在创造的一瞬间就形成了。儿童（或新生儿）是作为一个已经制造好了小型成年人降生到世界上来的，儿童与成人的区别仅是身体大小及知识多少的不同而已"③。因此，无论是"原罪说"还是"预成论"，儿童都是依附于成人并成为成人的驯服对象。此时虽然也有一些学者主张尊重儿童、热爱儿童、给儿童自由，④ 但那只是漆黑一片的儿童观世界里的一点亮光而已。

在漫长的中世纪里，尽管"原罪说"和"预成论"两种儿童观占据统治地位，儿童的道德地位和法律地位普遍低下，但在儿童权利保护方面已有明显进步。教会虽然认为儿童是带着原罪来到这个世上，但教义所宣扬的博爱精神却使得教会在早期的儿童保护中起了非常重要的作用，教堂成为公认的孤儿庇护所。公元787年，大主教在

① 胡金平等：《中外学前教育史》，高等教育出版社2011年版，第180页。
② 同上书，第180—181页。
③ 同上书，第181页。
④ 如对儿童深为喜爱的圣·帕齐缪斯；主张要由儿童自己活动所产生的直接后果来实行纪律的圣·巴西尔；观察到学生的天生气质并根据他们的天赋来因此施教的阿尔克温。

米兰建立了照顾无家可归儿童的专门机构。之后，类似的机构在欧洲其他国家纷纷建立，名称不一，有育婴堂、儿童慈善院等。此外，在立法上也出现许多针对儿童的人道主义立法。如《萨利克法典》规定，杀婴要受到罚款或缴纳税款的制裁。《查士丁尼法典》中，国家和教会终于联合起来共同保护儿童的生存权利，该法典宣告要建设儿童的绝对自由，宣称儿童不是他们父母的私有财产，也不是收养人的私产。罗马法首次对儿童的行为能力作了规定，根据罗马法，7岁以下儿童不具备行为能力，7—25岁为限制行为能力人，25岁以上为完全行为能力人。[1] 不难发现，虽然儿童地位在漫长的中世纪里没有多大变化，现代意义的儿童观也没有确立，但对于儿童的人道救助以及人道主义立法却为儿童权利观念的生成奠定了坚实的基础。

4. 文艺复兴和启蒙时代的儿童观及儿童权利观

文艺复兴时期，一批进步主义思想家站在人文主义立场上批判中世纪占统治地位的两种儿童观，他们站在培养"新人"的角度出发，要求尊重和爱护儿童，重视儿童个性的发展，激发儿童的学习兴趣和主动性。如教育家伊拉斯莫斯指出，应该重视儿童的早期教育，忽视儿童的早期教育是一种比杀婴行为更为严重的犯罪。自由的是符合儿童天性的，恐怖的教育手段应当被抛弃，他要求教师切不可把幼小的儿童视为"小大人"。[2] 夸美纽斯也主张摒弃"原罪说"的儿童观，认为在人身上自然地播有知识、道德和虔诚的种子，通过教育便可以把它们发展出来。但是，应当看到文艺复兴时期产生的儿童观是立足于培养"新人"的，"尽管承认了儿童的自由与兴趣，但是人们并未意识到儿童本身便具有自身的独特价值的存在，也未否定儿童对于双亲的绝对服从关系"[3]。因此，中世纪的"原罪说"儿童观仍然占主流，鞭挞、体罚儿童的现象仍很普遍。

进入启蒙时代，受文艺复兴人文主义思想的影响，现代的童年观

---

[1]　王雪梅：《儿童权利论——一个初步的比较研究》，社会科学文献出版社2005年版，第19页。

[2]　谭旭东：《论童年的历史建构和价值确立》，《涪陵师范学院学报》2006年第6期。

[3]　刘晓东：《儿童教育新论》（第二版），江苏教育出版社2008年版，第10页。

在欧洲普遍建立起来，儿童的价值和童年的意义开始被教育界普遍确认。① 这种儿童观最早在英国出现，它的观点为：儿童生来就是没有原罪的纯真无瑕的存在；反对体罚，主张激励和竞争的教育。② 启蒙时代对于儿童的关注有两个代表人物，一个是洛克，另一个是卢梭。洛克在其教育代表作《教育漫话》中提出了著名的"白板说"，认为人性如白纸，像蜡版，"是可以随心所欲地做成什么式样的"③。这是对"原罪说"儿童观的彻底否定，更为重要的是，他把开发儿童的理性能力作为教育的目的，并且抓住了羞耻感的重要性，使之成为保持童年与成年之间区别的工具。④ 洛克虽然推动了儿童观的发展，但其学说中仍然将儿童视为潜在的成人，因为填充白板的是成人，教育的目的就是把儿童培养成绅士，成人本位的色彩依然严重。从根本上倡导儿童本位的儿童观的是卢梭。他在著名教育小说《爱弥尔》中阐述了他的儿童观和儿童教育思想，他认为儿童的本性是纯洁无瑕的，既没有原罪，也不是白板一张，《爱弥尔》开篇第一句话便是："出自造物主之手的东西，都是好的，而到了人手里，就变坏了。"⑤他也对传统儿童观把儿童当成人看待进行了激烈的批判，他说："大自然希望儿童在成人以前就要像儿童的样子。如果我们打乱了这个次序……我们就会造成一些年纪轻轻的博士和老态龙钟的儿童。"因此，必须把儿童当儿童看，"儿童时代绝不只是迈向成人的一个台阶，而是具有自身的价值，儿童代表着人的潜力最完美的形式"⑥。可见，卢梭已经否定了儿童期仅仅是为将来的成人生活作准备这一观念，指出了儿童期具有独立存在的价值，这是真正意义上的儿童本位儿童观，在儿童观上具有划时代意义。卢梭也因此被誉为"发现儿童之父"。

文艺复兴运动吹响了弘扬人性、人道、人权的号角，这种以人为

---

① 谭旭东：《论童年的历史建构和价值确立》，《涪陵师范学院学报》2006 年第 6 期。
② 刘晓东：《儿童教育新论》（第二版），江苏教育出版社 2008 年版，第 10 页。
③ ［英］洛克：《教育漫话》，傅任敢译，人民教育出版社 1985 年版，第 68 页。
④ ［美］尼尔·波茨曼：《童年的消逝》，吴燕莛译，广西师范大学出版社 2004 年版，第 82 页。
⑤ ［法］卢梭：《爱弥尔》（上卷），李平沤译，商务印书馆 1985 年版，第 1 页。
⑥ 同上书，第 84 页。

中心、一切为了人的利益的新人类观带来了儿童观的巨大变革。尤其是在资产阶级革命之后，启蒙思想家们提出的民主、自由、平等的观念对西方国家的政治和法律实践带来了深远影响，很多国家的法律开始重视对儿童的保护，儿童权利观念初步生成。如英国资产阶级革命胜利后，先后通过了《人身保护法》《权利法案》；法国也在资产阶级革命过程中先后通过了《人权和公民权利宣言》、1791 年宪法和1793 年宪法；美国也先后颁布了《独立宣言》和《人权法案》。这些宪法性文件保护了大量的人权保护内容，而这其中就有儿童权利。与此同时，人性所彰显的人道和博爱精神也在逐渐汇集成一股保护儿童的力量。虽然这一时期战争频繁，摧毁了不少儿童慈善机构，但人们的博爱精神没有被摧毁，各种儿童慈善机构不断在摧毁和重建中发展壮大，到 17 世纪之后形成了一股潮流，为 19 世纪全球性儿童保护运动的萌发埋下伏笔。

5. 19 世纪的儿童观及儿童权利观

进入 19 世纪之后，儿童观的一个深刻变化就是对儿童的认识建立在科学实证的基础上。继卢梭之后，受其儿童教育思想的影响，教育领域出现了"教育心理学化"运动，其基本观点为教育应以心理学规律为依据。从最早提出"教育心理学化"口号的裴斯泰洛奇开始，一批教育家在认识儿童心理的道路上前行着，如赫尔巴特及福禄倍尔等人，他们通过自己的教育实践活动深化对儿童心理的认识，为科学心理学的诞生奠定了坚实的基础。1879 年，冯特在德国莱比锡创立了世界上第一个心理学实验室，标志着实验心理学的诞生；1882 年德国心理学家普莱尔出版了《儿童心理》著作，标志着儿童心理学的创立。科学心理学为教育的革新提供了依据，在力图建立"科学的教育学"的口号下，西方社会掀起了一场"儿童研究运动"，从 19 世纪 80 年代一直到第一次世界大战前，持续了 30 年。这场运动所产生的最重大变化就是对儿童概念的理解，也就是儿童观的变化。如果说 19 世纪儿童观发展与以前有什么根本不同的话，那就是此时对儿童的认识和看法已由思辨层面走向科学实证层面，对儿童心理发展规律和特点的揭示为 20 世纪儿童观的现代打下坚实基础。

19 世纪是西方儿童权利保护的关键期，西方各国都纷纷制定保护儿童的立法，一场声势浩大的儿童保护运动在西方社会展开，以至有一种普遍的观点认为，"西洋在 16 世纪发现了人，18 世纪发现了妇女，19 世纪发现了儿童"。[①] 这一时期在儿童权利保护上主要体现在两个方面：一是儿童立法，二是建立各种儿童保护组织或机构。其中儿童立法有：英国于 1802 年通过了历史上第一个保护童工的立法《学徒健康及道德法案》，随后又于 1808 年制定了《少年法》，加上 1874 年的《未成年人援助法》及 1886 年的《未成年人监护法》，使得英国成为较早对儿童进行系统保护立法的国家；德国也有相关保护童工的立法，如 1881 年的《工人保护法》就禁止 13 岁以下的儿童工作；美国也于 1899 年通过了《少年法庭法》，该法被誉为世界儿童立法史上一个里程碑式的进步。[②] 此后，各国纷纷效仿，制定本国的儿童法。在建立儿童保护组织或机构方面，英国人阿格纽（Federick A. Agnew）于 1883 年在利物浦建立了欧洲第一个防止对儿童犯罪的机构——防止儿童虐待协会，接着类似的机构在欧洲大陆纷纷建立起来；美国建立的儿童保护组织或机构名称不一，有青少年问题改革协会、预防伤害儿童协会，当然还有各种慈善机构如教养院、孤儿院等。一个数据可以说明美国孤儿院的发展，早在 1800 年，全美国仅有 6 所孤儿院，但到了 1850 年，仅纽约州就有近 100 所孤儿院。到 1900 年初，全美国有 10 多万名儿童被安置在大约 1200 所孤儿院中。[③] 可见，儿童权利保护运动范围之广。19 世纪末，美国人亚当斯在其主编的《儿童权利》一书中，就使用了"走向儿童解放的时代"的副标题，这充分表明了儿童权利保护已经成为世界潮流。

6. 20 世纪的儿童观及儿童权利观

随着 19 世纪末科学的儿童心理学的诞生和 19 世纪 20 世纪"儿童研究运动"的发生发展，儿童本位的儿童观由形而上层面走向形而下层面，这集中体现在教育领域，正如学者所言："教育领域是最能

---

① 王雪梅：《儿童权利论——一个初步的比较研究》，社会科学文献出版社 2005 年版，第 26 页。

② 王勇民：《儿童权利保护的国际法研究》，法律出版社 2010 年版，第 29 页。

③ 吴鹏飞：《嗷嗷待哺：儿童权利的一般理论与中国实践》，博士学位论文，苏州大学，2013 年。

体现一个时代儿童观的领域，一个时代最先进的儿童观也往往是最先在教育领域中发生和普及的。"① 这方面的代表人物有瑞典教育家爱伦·凯、美国教育家约翰·杜威及意大利教育家玛利亚·蒙台梭利等。爱伦·凯就曾在其著作《儿童的世纪》中大胆地预言 20 世纪将是儿童的世纪，儿童将受到全人类的关爱和保护。如果说卢梭是西方现代儿童观的理论奠基人的话，那么杜威则是西方现代儿童观的理论深化者和践行者，他一方面接过卢梭的呐喊，并将儿童本位儿童观进一步上升为"儿童中心论"，他认为，"我们教育中将引起的改变是重心的转移。这是一种变革，这是一种革命，这是和哥白尼把天文学的中心从地球转到太阳一样的那种革命。这里，儿童变成了太阳，而教育的一切措施则围绕着他们转动，儿童是中心，教育措施便围绕着他们而组织起来"②。另一方面他也在自己的实验学校中践行这种儿童观。与杜威同时代的齐名的著名幼儿教育家蒙台梭利也强调要尊重儿童、尊重儿童的内在潜能，他所创立的蒙台梭利教学法的重心也由教师转向儿童。这些都表明西方儿童观在经历由古代到现代、由黑暗到光明的漫长发展历程之后，终于在 20 世纪确立了以儿童为中心的现代儿童观。也许儿童在 20 世纪绵延不断的战火中所经历的前所未有的苦难让"儿童的世纪"这个口号颇为尴尬，但现代意义的儿童观的确立及其在教育实践层面的实现则足以配得上"儿童的世纪"这个称号。

到了 20 世纪，儿童权利保护进入一个黄金期，其保护范围也由国内走向国际化。在儿童权利保护上，第一份国际文件是由第一次世界大战后成立的国际联盟于 1924 年通过的《日内瓦儿童权利宣言》，它标志着儿童权利的保护开始引起世界的广泛关注。第二次世界大战后，随着联合国的成立，儿童权利保护立法进程加快，先后通过了《世界人权宣言》（1948）、《儿童权利宣言》（1959）、《公民权利和政治权利国际公约》（1966）、《经济、社会及文化权利国际公约》（1966）以及被称为儿童权利保护"大宪章"的《儿童权利公约》（1989），儿童的法律地位提升到一个前所未有的高度。纵观 20 世纪

① 刘晓东：《儿童教育新论》（第二版），江苏教育出版社 2008 年版，第 42 页。
② 赵祥麟等：《杜威教育论著选》，华东师范大学出版社 1981 年版，第 32 页。

儿童权利保护立法进程，大致可以分为以下三个阶段：第一阶段主要是承认儿童是国际社会一分子，是国际法保护的主体；第二阶段主要是授予儿童实体法上的权利；第三阶段则是在承认儿童享有基本权利的同时，承认他们拥有行使及要求这些权利和自由所必需的程序上的能力。① 对儿童是一个有权利的独立个体的确认是对儿童法律地位认识的质的飞跃，儿童不再是被动的受保护的对象，而是与成人一样作为平等的权利主体存在，这也标志着儿童作为权利主体的儿童权利观念的真正确立。

二 游戏观的历史演进及游戏权利思想的形成

游戏观即人们对儿童游戏的根本看法和态度。游戏作为一个古今中外极为普遍的、极为古老的活动，对于它的认识和反思也广为古今中外学者们的关注。但人们对于游戏的看法和态度往往是比较复杂的，有时候甚至是矛盾的，因此，对游戏观进行严格的区分也是比较困难的。为了研究的需要，在卷帙浩繁的游戏研究成果里，经过梳理，研究者大致区分了以下四种典型的游戏观。

（一）游戏娱乐观

游戏娱乐观是指把游戏视为一种娱乐活动或休闲活动。这种游戏观由来已久，一直影响到现在，从最早的游戏活动以及游戏最初的含义看，它是包含了这种游戏观的。比如，早在原始社会人们就创立了玩球的游戏活动，在陕西西安半坡的母系氏族公社时期村里的遗址中发现了三个石球，这是在一个三岁小孩的墓葬中发现的，据专家推测，这是小孩的游戏器具，因为三岁的小孩是不会用它来狩猎的，只有把它解释为玩耍的器具才比较合理。另外，游戏一词由"游"和"戏"两个字构成，在古汉语中各有其丰富的意义，但二者连在一起使用始见于《韩非子·难三》，其中记载："管仲所谓'言室满室，言堂满堂'者，非特谓游戏饮食之言也，必为大物也"② 就已经具有

---

① Geraldine van Bueren, *The International Law on the Rights of the Child*, Martinus Nijhoff Publishers, 1999, p. 1.

② 王焕镳：《韩非子选》，上海人民出版社1974年版，第213页。

现代意义上的玩耍、放松之意。可见，游戏一词自从开始出现时就暗含了这种游戏观。

这种游戏观也使得游戏与学习成为截然对立的两件事，这在很多教育家、思想家的论著之中都有体现。古代大教育家孔子就认为游戏是学习之后的放松与消遣，在《论语·阳货》中记载："饱食终日。无所用心，难矣哉！不有博弈者乎？为之犹贤乎已！"意思是无聊的时候，玩玩六博、围棋，总比闲着什么都不做要好。《礼记·学记》中写道："藏焉修焉，息焉游焉。"即学习时就要努力学，休息时就尽情游乐，游戏是学习之余的休息、放松方式。此后，随着选士制度、科举制度的出现，游戏的娱乐休闲功能被极端强化，要求苦学、远离游戏成为社会广泛认同的观念，"万般皆下品、惟有读书高""勤有功、嬉无益""业精于勤荒于嬉"等成为家喻户晓的治学格言。这种游戏观并没有随着科举制度的终结而消失，而是像幽灵一样潜伏着，即使在新中国成立后也仍然主导着民众的观念。虽然也有像王阳明、陈鹤琴、陶行知这样的先见人士，在为游戏的价值进行辩护，但这种声音是非常微弱的。当前在幼教领域里普遍存在的"游戏困境"① 背后就是这种传统文化观念在作祟，而这种传统文化观念的根源就是游戏娱乐观，把游戏仅仅看作一种娱乐活动、消遣活动。

这种游戏观在西方社会也源远流长，从考古出土的古希腊、古罗马时期的儿童玩具就可以窥见一二，当时儿童流行玩各种球类及滚铁圈等游戏，是儿童闲暇之余喜闻乐见的娱乐活动。这种游戏观也体现在一些学者的观点中，早在古希腊时期，柏拉图就把游戏视为一种与学习对立的娱乐活动，在他的法律篇中明确指出："6 岁以前的孩子不必进行学习活动，6 岁以后才可以而且必须认真开始对他们授课。孩子从 3 岁开始玩游戏。"并且，他注意到，"让孩子发明自己的游戏是最好的，但是从 3 岁到 6 岁，他们应当每天被一起带进各种神殿，在当局任命的妇女们的管理之下玩耍"②。亚里士多德则把游戏视为

---

① 指"理论上、口头上重视游戏，实践上、行动上轻视和忽视游戏"的困境。
② ［英］A. E. 泰勒：《柏拉图——生平及其著作》，谢随知译，山东人民出版社 1996年版，第 683 页。

劳作后的休息与消遣，本身不是目的。① 法国作家内罗杜在其名著《古罗马的儿童》② 中，就为我们描绘了一幅令人羡慕的儿童生活状态和节奏图景，是一种恬静、优雅、能随心所欲停下来进入游戏的生活状态。之后，在整个漫长的中世纪，教会对游戏持否定态度，游戏罪恶论盛行。这与中国漫长的封建社会里把游戏与学习视为格格不入的对立物一样。文艺复兴之后，人们对于游戏的探讨越来越多，教育家们更多看到了游戏的教育价值。但游戏娱乐观仍在一定程度上发挥着作用，洛克就是这样一个代表，他主张把游戏作为一种手段来教育孩子，他说："我们教导儿童的主要技巧是把儿童应做的事也都变成一种游戏似的。"而成人如果觉得游戏妨碍了儿童的学习，最好的方式就是强迫他游戏，他说："你的孩子不是太爱抽陀螺吗？强迫他每天多多去抽几个小时，监视着他，要使他抽，你就可以发现，他很快地就会厌倦抽陀螺，心甘情愿不再抽了。"因此，游戏与学习在洛克那里仍然是对立的，仍然是一种游戏娱乐观，没有看到游戏促进学习、游戏本身就是学习这一面。这种游戏观在 19 世纪末 20 世纪初出现的古典游戏理论学说中有所体现。如游戏的娱乐和松弛理论就认为游戏是一种娱乐或放松、休闲的活动，是在人工作之后、身体疲惫的情况下从事的活动，以此来恢复精力、缓解疲劳。代表人物有顾兹莫斯（Guts Muths）、拉察鲁斯（Lazarus）以及帕屈克（Patrick）等。就连研究游戏的大师胡伊青加也认为，游戏绝不是一桩任务，它是在闲暇、在"空闲时间"内从事的活动。③ 可见，该游戏观的久远影响力。

案 例 ④

女儿今年 9 月份上大班，本来应该挺高兴的，毕竟女儿又向前迈

① ［荷］约翰·胡伊青加：《人：游戏者——对文化中游戏因素的研究》，成穷译，贵州人民出版社 1998 年版，第 5 页。

② ［法］内罗杜：《古罗马的儿童》，广西师范大学出版社 2005 年版，第 3 页。

③ ［荷］约翰·胡伊青加：《人：游戏者——对文化中游戏因素的研究》，成穷译，贵州人民出版社 1998 年版，第 10 页。

④ 刘智成：《幼儿园游戏与指导》，南开大学出版社 2017 年版，第 196 页。

了一步，不过，才一星期，我就高兴不起来了，因为大班的作业很多，每天都有，今天写生字，明天写数字、算术，还有 a、o、e 等。看着她坐在台灯下，写写写，我的心都痛痛的，都想把她放回到中班去了，她一写作业我就感觉自己像后妈。昨天作业：写 9 的减法十道题（就是从 9-0 开始，一直减到 9-9）；抄写生字，才幼儿园，就开始写"每""样""出"等生字，每天晚上布置两个生字，一个生字要抄写一页田字簿，大概数了一下，每页田字簿差不多一百个格，一个晚上写约两百个生字。女儿的手指头还没有铅笔粗，看着她捏着笔坐着抄写，真心疼。最近，女儿厌学的态度越来越明显，写作业几乎成了非逼着不可的事情，有时作业刚写到一半，她就吵着要看动画片或者出去玩，可是为了配合幼儿园老师，按时完成作业，我就是说："要看动画片或者出去玩可以，但前提必须是写完了作业。"每次听到这，她就开始哭了，还一个劲地坐在地上耍赖。可是做母亲的尽管心疼，也是迫于无奈呀！

问　题

为什么游戏成为做作业之余的一种奢侈呢？

分　析

游戏与功课的截然对立是中国社会的一种传统，《三字经》里就有"勤有功，嬉无益"之说，唐代大诗人韩愈也有"业精于勤荒于嬉"名句，这都可以看出传统文化把游戏与学习截然分开。这种传统其实也是游戏娱乐观的一种体现，即把游戏看成工作或学习之余的一种放松而已，没有看到对幼儿来说，游戏也是学习，这是他们独特的学习方式。

（二）游戏本能观

游戏本能观是从生物学或心理学的角度，把游戏视为儿童的一种本能或者内在需要。这种游戏观是在 19 世纪后半期随着近代自然科学进步尤其是达尔文的进化论思想的影响下产生的。代表理论有席勒（Schiller）、斯宾塞（Spencer）的精力过剩论（剩余精力说）、格鲁斯（Groos）及麦克道戈尔（McDougall）的生活准备说（前练习说）以及霍尔（Hall）及吉利特（Gulick）的复演论。精力过剩论认为人的游戏和动物没有区别，都是出于消耗体内多余的能量，它本身无任何目的，在发泄这些剩余精力的同时，人也获得愉悦和满足；生活准备说则是从游戏的生物适应机能出发来论述儿童游戏的，这种观点认为人和高等动物一样，具有许多不成熟的本能，需要通过游戏加以锻炼以使其趋于成熟而能适应未来生活，因此，格鲁斯提出了"游戏期"这一特殊概念；复演论则是从进化论的角度去解释儿童游戏，认为"游戏系纯粹的遗传表现，游戏乃种族过去的运动习惯和精神的复演""游戏并非为将来作有益的练习，而是种族历史的复现""每一生物从发生到成长在每一时期中，都反复其种族历史进化过程之反应"。[1] 可见，在古典游戏理论时代，学者们对儿童游戏大都持一种本能论的观点，把游戏看作生理机能或机体本能的活动。

而到了20世纪40年代以后，随着心理科学发展，人们开始从心理学的角度来研究儿童游戏，其中精神分析学派是当时儿童游戏研究的主流学派。精神分析学派认为，一切生物存在的基础是一些与生俱来的原始冲动和欲望，这些冲动和欲望在动物界可以无所顾忌地以赤裸裸的形式直接表现出来。但是在人类社会，由于社会道德规范的约束，不允许这些原始的欲望与冲动直接表现出来。这些冲动和欲望如果长期受压抑、找不到出路就会变成精神病的根源。[2] 因此，需要为这些冲动和欲望找到出路，游戏就是最好的一种方式。精神分析学派的创始人弗洛伊德认为儿童有两种需求可以通过游戏予以满足，一是长大的需求。这是统治整个儿童期需求，儿童在现实生活中不可能实现这种愿望，只能在游戏中得到满足。二是承担主动角色的需求。现实生活中可能会出现各种各样的冲突，这些冲突带来心理的焦虑，而透过游戏，儿童可以以主动的角色来宣泄不愉快的情绪，这是现实生活中所不允许的。因此，游戏的这种功能也被精神分析学派加以发挥而形成了游戏治疗理论。弗洛伊德的追随者们对其游戏理论加以丰富

---

① 蔡淑苓：《游戏理论与应用——以幼儿游戏与幼儿教师教学为例》，五南图书出版股份有限公司2004年版，第18页。

② 刘焱：《儿童游戏通论》，北京师范大学出版社2004年版，第99页。

和发展，但都没有背离游戏本能观。在儿童游戏的本能观中还有一个代表人物美国学者迈·凯梅·普林格尔，他在《儿童的需要》一书中指出，儿童的社会需要包括四种基本的感性需要："对爱和安全感的需要""对新体验的需要""对赞扬和认可的需要"和"对责任感的需要"。其中"对新体验的需要"的满足主要是透过游戏从两个方面来实现，一是使儿童认识到他所生活的世界；二是使儿童认识并能正确处理矛盾的复杂情感。[1] 这些需要和儿童的吃喝拉撒睡等基本生理需要一样应予以满足，而这只有通过游戏才能更好地满足。

案　例 [2]

幼儿园活动室，早餐时间。保育员用泡过水的抹布擦桌子，然后把馒头和一碗汤放在每个幼儿面前的桌面上，没有为幼儿提供放馒头的盘子和喝汤用的勺子。一个男孩子用手一点一点地瓣着馒头吃。他一边吃着，一边把瓣下的馒头放在桌子上搓着，一会儿搓成一个长条，一会儿又揉成一个面团……这时候，玩面团成了他注意力的中心。

问　题

为什么那个小男孩会在早餐时间玩起馒头来？

分　析

对幼儿来说，游戏就是他们的生存方式，幼儿作为一种游戏化存在，离不开游戏，这是他们的一种本能需要。他们除了睡觉之外，其他任何醒着的时间都有可能在游戏。而且幼儿在游戏时，与现实生活没有截然的区分，不像成人，游戏是游戏，工作是工作。幼儿游戏时可能很快进入现实生活，也可能从现实生活迅速进入游戏状态，生活与游戏没有明显的边界。就像案例中的这个男孩子，吃饭的时候吃着吃着就玩起来了，很快从生活状态切换成游戏状态。

---

① 邱学青：《学前儿童游戏》，江苏教育出版社 2005 年版，第 21 页。
② 刘智成：《幼儿园游戏与指导》，南开大学出版社 2017 年版，第 198 页。

（三）游戏发展观

游戏发展观是指把游戏视为促进儿童身心发展的重要手段。游戏不仅具有娱乐功能还具有发展功能，儿童游戏的发展功能在古代就已为不少教育家所重视。西晋的《博物志》就曾记载了尧舜用围棋教育儿子丹朱、商均的故事：尧认识到自己的儿子骄傲乖戾，且屡教不改，就制作了围棋教丹朱玩，以改造其性情；商均是舜的儿子，年少时也是骄横不驯，愚笨无知，他也通过围棋来教育商均，以培养他的智力。① 可见，上古时代人们就认识到了游戏的这种积极作用。大教育家孔子也非常重视游戏的教育作用，经常率领弟子开展各种游戏活动，《礼记·射义》曾有记载，"孔子射于矍相之圃，盖观者如堵墙"②。意谓孔子率众弟子练习射箭，引来围观者如墙般层层围住。孟母三迁的故事也让我们看到了游戏对儿童道德发展的影响。在西方也是如此，亚里士多德是较早关注游戏对儿童发展的价值的，在其《政治学》就曾提道，"从婴孩期末到五岁止的儿童期内，为避免对他们身心的发育有所妨碍，不可教他们任何功课，或从事任何强迫的劳动。但在这个阶段，应使进行某些活动，使他们的肢体不致呆滞或跛弱；这些活动应该安排成游戏或其他的娱乐方式"③。古罗马的昆体良也是一位重视游戏的教育价值的教育家，他曾指出，"我不会因为学生爱好游戏而感到不高兴，……在游戏中，学生的道德品质也能毫无保留地照本来面目表现出来，教师可以及时予以教育。有些游戏还有助于发展学生的敏锐的智力"④。

游戏在整个封建时代受到前所未有的压制，游戏发展观也随之消亡。在中国，随着选士制度和科举制度的兴起，游戏逐渐走向了学习的对立面而被看作于学习无益甚至有害的东西，与西方中世纪时的游戏罪恶伦思想相似。如《淮南子》中就记载有："以弋猎博弈之日，

① 刘焱：《儿童游戏通论》，北京师范大学出版社 2004 年版，第 39 页。

② 杨天宇：《礼记译注》，上海古籍出版社 2004 年版，第 1079 页。

③ ［古希腊］亚里士多德：《政治学》，吴寿彭译，商务印书馆 1965 年版，第 410 页。

④ ［意］昆体良：《昆体良教育论著选》（第 2 版），任钟印译，人民教育出版社 2001 年版，第 26 页。

诵读诗书，闻识必广也。"① 意即用打猎、下围棋、玩六博的时间来诵读诗书，可以增长见闻和知识。而西方由于受基督教教会"原罪论"思想的影响，在儿童教育中奉行约束和惩戒，游戏也被视为罪恶的东西被禁止，以至于有学者发出这样的感叹，"缺乏游戏的评论是令人震惊的"②。西方社会经过文艺复兴之后，游戏的价值才被教育家重新提及，游戏发展观也重新抬头。夸美纽斯就非常重视游戏在儿童教育中的作用，这种作用是潜移默化的。他认为，"孩子们只要有事可做，至于做的是什么事，或者为什么要做，那都没有分别。从游戏里面，我们可以学到许多日后环境需要时有用的事"③。而提倡自然主义教育思想的卢梭也清楚地看到了游戏对儿童发展的意义。在他看来，"整个童年只能是或者应当是玩耍和嬉闹游戏的时间"，如果任听儿童身心在自然法则指导下发展，儿童的游戏和工作是没有区别的，"要他工作或要他游戏，在他看来都是一样的，他的游戏就是他的工作，他觉得两者之间是没有差别的"④。游戏与学习在卢梭那里被看成是一体的。之后，卢梭的教育思想及其对儿童游戏价值的认识影响了后世一大批教育家，这些人物有欧文、裴斯泰洛奇、福禄倍尔、蒙台梭利、杜威等，这里需要特别提一下"幼儿园之父"福禄倍尔，他是教育史上第一位系统研究游戏的价值并尝试创立游戏实践体系的教育家，他指出，"儿童早期的各种游戏，是一切未来生活的胚芽；因为整个人就是在游戏中，在他最柔嫩的性情中，在他最内在的倾向中发展和表现的"⑤。为了实现游戏对儿童的发展，他还专门设计了一套取名为"恩物"的游戏、作业材料。福禄倍尔对游戏在儿童身心发展上的价值论述深深影响着后来的学前教育工作者，受此启发，蒙台梭利也设计了一套感官训练教具，并开发了风靡全球的蒙台梭利教学法。

---

① 刘焱：《儿童游戏通论》，北京师范大学出版社 2004 年版，第 40 页。

② Dvaid Cohen, *The Development of Play North Ryde（Austarlia）*, Croom Helm Ltd. 1987, p. 20.

③ ［捷］夸美纽斯：《大教学论》，傅任敢译，教育科学出版社 1999 年版，第 166 页。

④ ［法］卢梭：《爱弥儿》，李平沤译，商务印书馆 1978 年版，第 194 页。

⑤ 张焕庭：《西方资产阶级论著选》，人民教育出版社 1979 年版，第 323 页。

进入 20 世纪，随着现代科学尤其是教育学、心理学等学科的发展，游戏发展观得到了强化，人们普遍认识到游戏对儿童发展的意义。但在游戏与发展这两者之间孰先孰后，谁决定谁这个问题上存在两种不同观点，即由皮亚杰为代表的游戏从属于发展的认知发展学派以及维果斯基为代表的游戏领先于发展的社会文化历史学派。他们在游戏能促进儿童身心发展这一观点上是一致的，只不过皮亚杰更注重游戏的练习与巩固作用，而维果斯基更强调游戏的建构与生成作用。二者无所谓对错，因游戏与发展本身就是相辅相成的关系，游戏反映发展又促进发展，发展又能提升游戏水平和质量。受西方学说的影响，中国也有一些教育家持这种游戏观，如梁启超就曾主张儿童的学习应以歌唱、嬉戏、体操为主；教育家陶孟和先生在其著作《社会与教育》一书中，就有"游戏与教育"一章，系统阐述游戏的教育意义，他认为，游戏有身体上、知识上、社会上的价值；而有中国"幼教之父"之称的陈鹤琴先生更是鲜明地阐述了他的游戏态度，在其《家庭教育》一书中对儿童心理特征的描述时，其中一点就是好游戏。在著作《儿童心理之研究》中也专辟一章"游戏"，详细阐述其儿童游戏思想。

案 例①

幼儿园的活动室里。老师正在组织幼儿开展角色游戏。活动室被分割为不同活动的角色游戏区，有"娃娃家""医院""饭店""糖果厂""商店""公共汽车"等。幼儿按照自愿报名的原则去了不同的游戏区。教师在做巡视指导，当她发现"医生"闲着无事可干的时候，就赶紧跑到"娃娃家"，提醒"妈妈"宝宝生病了。在老师启发下，"爸爸""妈妈"赶紧抱上孩子，坐上"公共汽车"，去"医院"找"医生"看病。"糖果厂"的小工人用糖纸包完糖果（橡皮泥）以后，坐着发呆。老师不失时机地跑来，告诉他们"今天是周六，该大扫除吧?"……

整个游戏过程，老师忙得不亦乐乎，从这个区到那个区，启发诱导。通过她的穿针引线，各游戏组之间发生了横向联系，成为一个整

___
① 刘智成：《幼儿园游戏与指导》，南开大学出版社 2017 年版，第 200 页。

体。游戏场面显得热闹壮观，在一旁观摩的老师啧啧称赞："这个游戏活动组织得真好！"但是幼儿的反应和体验完全不同。

当老师宣布"今天游戏玩到这里，小朋友现在可以自由活动了"时，两个男孩子走到一起，"现在好了，老师的游戏玩完了，我们到外面去玩我们自己的游戏吧"。

问　题

为什么小朋友眼里会有"老师的游戏"和"自己的游戏"之分？

分　析

游戏具有发展和娱乐双重功能，当我们过分强调某一种功能时，另一种功能就会被弱化。显然，本案例中该教师在组织教学活动时，过多地关注发展功能，对娱乐功能重视不足，使得小朋友觉得教师的游戏不好玩，不自由，他们自己的游戏才是真正的游戏，因为他们可以自由选择玩伴，选择材料、场地，选择时间，等等，这种游戏才是真正的游戏。因此，当过分强调发展功能时，势必会走向另外一个极端，娱乐功能被削弱。而这是需要教师权衡好这两者关系的。

（四）游戏权利观

游戏权利观是指把游戏视为儿童的一项基本权利。游戏权利观的真正确立是在1989年的《儿童权利公约》中，但它的形成却经历了漫长的过程，尤其是19世纪和20世纪这两个关键时代。游戏权利观的形成与儿童观及儿童权利观的现代化密不可分，虽然在18世纪卢梭就已经提出了儿童本位的儿童观，但那只是在思想上，在实践上的确立和产生影响是在19世纪后期的儿童保护运动。虽然19世纪的儿童保护运动旨在保护童工、保护儿童不受虐待及其他不公正待遇，但人类的理性已经开始关注儿童这个特殊群体，现代意义上的儿童观和儿童权利观正在形成。进入20世纪，儿童受到前所未有的关注，儿童中心的儿童观及儿童主体的儿童权利观真正得以确立，游戏权利思想也开始形成。儿童权利思想在20世纪发展经历了保护论和解放论两个时期，20世纪中前期是以保护论为主导，保护论者为儿童创建了许多特权和保护，注重满足儿童的需要和主张，儿童权利的内容更多体现为一种主张权。而进入 20 世纪中后期，伴随着儿童解放运动的开展，儿童权利的话语则发生重大转向，由保护转向自治。强调儿童不是消极被动的保护对象，而是有独立人格和内在价值的主体，应赋予与成人一样的权利，儿童权利内容也更多体现为一种自由权。虽然解放论者的儿童权利理论也有许多缺陷，但他们所主张的儿童是权利主体的观念却深入人心，这种观念在《儿童权利公约》中得到了集中体现。众所周知，游戏是儿童的自主、自愿和自由的活动，是儿童能够自治也需要儿童自治的活动，尽管有时候也需要成人的指导、帮助和保护，但不能改变儿童游戏自由权的本质特征。儿童游戏的这种特征与儿童解放论者的自治主张相吻合，因此，在 1959 年的《儿童权利宣言》中首次出现了儿童游戏权这一概念，并在《儿童权利公约》中得以最终确立，至此，游戏权利观真正形成。《儿童权利公约》通过之后，游戏权利观已为公众所广泛接受，各国在儿童游戏权保护上做了大量工作，尽管还有许多不尽如人意的地方，但有理由相信，在儿童游戏权利保护实践层面，人们将会构建出从家庭、学校到社会，从立法到司法，从时间、空间到材料等全方位的、立体式的保护模式。

案 例 ①

香港 TVB 电视台 2016 年播出了一部纪录片《没有起跑线?》，该纪录片透过追踪孩子处于学前、报读小学、升读中学、DSE（中学文凭试）会考四个不同学习阶段的真实家庭，窥探香港近年教育生态的转变情况。怀着第二胎的妈妈，为让长子自然成长没有刻意催促。直至报读学前班，她才惊觉孩子落在人后，故此誓要幼女"赢在子宫里"。另一个幼稚员学生的母亲，为让孩子能"杀入"名牌小学，安排他接受"十项全能"的操练，结果母子身心俱疲。另外，节目还邀请一位"星级妈妈"回到幼稚园当学生，亲身感受幼稚生的一天繁忙生活。这一天，妈妈给她安排得满满当当，让她疲惫不堪，近乎崩溃！从出门就开始赶时间，出租车上吃面包，妈妈都要拿出识字卡片让念字，同时上午

---

① 刘智成：《幼儿园游戏与指导》，南开大学出版社 2017 年版，第 202 页。

下午要上 2 间幼稚园。为了让孩子天天学满六个钟，匆忙到要在公厕换校服。此外，还有各种兴趣班等着她学，比如学游泳，是国家级的教练教学，不能只会一种泳姿。而且在幼稚园就开始有人学编程了！

问 题

为什么家长都信奉"不让孩子输在起跑线"这句话，无视孩子的游戏时间。

分 析

之所以家长们都在孩子小的时候抢跑，是因为他们对游戏的认识不足，把孩子当作自己的一个附属物品，可以随意处置，任意安排。而没有认识到他们也是人，也是一个个需要平等对待的独立个体。而且 1989 年通过的《儿童权利公约》中也明确规定，每个儿童都享有游戏权，这是神圣的不可剥夺的一项基本人权，成人应予以尊重。然而很多家长没有这种意识，无视甚至剥夺孩子的游戏权利。该纪录片中的很多家长就没有真正树立"游戏是孩子的一项基本权利"这一观念，而充当了剥夺孩子游戏权这一角色。

第二节　游戏权的法律化

儿童游戏权利不仅表现为人权，受到道德上支持，而且还表现为法律权利，在国际法及国内法规范中都能找到踪影。

一　国际法规范中的游戏权

1989 年《儿童权利公约》中第 31 条明确规定儿童享有游戏的权利，但这一法条的提出不是横空出世的，它与 20 世纪国际人权法的发展息息相关。综观第 31 条所体现的内涵及精神，主要与以下几个国际文件密切相关。

（一）《日内瓦儿童权利宣言》

第一次世界大战给人类尤其是儿童带来了深重的灾难，儿童逐渐成为国际社会关注的一个特殊群体。为保证儿童权益，1924 年 9 月 26 日，国际联盟第五届大会通过了《日内瓦儿童权利宣言》，规定所有国家的男女都应承认人类负有提供儿童最好东西的义务，同时不分种族、国际或信仰的差别，让所有儿童在宣言规定的各种事项中，都能获得保障，并承认这些事务为自己的义务。[①] 这些义务包括：（1）必须提供儿童正常发展的各种物质和精神需要。（2）必须提供食物给饥饿的儿童，并给生病的儿童提供必要的治疗。身心发展迟缓的儿童应获得适当的援助。对有不良行为的儿童应给予改过自新的机会。（3）遇到危难时儿童应优先获得救济。（4）儿童有独立维持生计的地位，应避免任何形式的剥削。（5）儿童应获得适当的培育，使其才能对人类有所贡献。[②] 尽管《宣言》只有五项内容，且只有建议性质，但却发出了国际社会对儿童权利保护的心声。

（二）《世界人权宣言》

第二次世界大战同样给儿童带来了巨大灾难，在战后成立的联合国的努力下，儿童权利保护受到广泛关注。1948 年 12 月 10 日，第三届联合国大会通过了《世界人权宣言》，其中第 24 条规定："人人享有休息与闲暇的权利，包括工作时间有合理限制和定期给薪休假的权利。"[③] 该条文虽然没有明确规定游戏权，但却以"休息与闲暇权利"的字眼出现，可以看作游戏权的前身。作为最早提及"休息与闲暇权利"的国际文件，对 1966 年的《经济、社会及文化权利公约》中第 7 条及 1989 年的《儿童权利公约》中第 31 条的提出产生了一定影响。但该宣言仅具宣誓性质，对各国无强制约束力，故对儿童权利保障并不完善。

（三）《儿童权利宣言》

《世界人权宣言》通过之后，联合国社会委员会开始着手起草《儿童权利宣言》，并于 1959 年 11 月 20 日联合国第 14 届大会上通过了该宣言。宣言明确了各国儿童应该享有的基本权利，同时为儿童权利的实现确立了十项基本原则。《儿童权利宣言》是根据《联合国宪

---

① 王勇民：《儿童权利保护的国际法研究》，法律出版社 2010 年版，第 30 页。

② 联合国高级人权委员会 ［EB/OL］. http://www.unhchr.ch/html/menu3/b/25.htm.

③ 国际人权法教程项目组：《国际人权法教程第二卷（文件集）》，中国政法大学出版社 2002 年版，第 24 页。

章》以及《世界人权宣言》的原则和基本精神制定的，同时扩充了《日内瓦儿童权利宣言》的内容，它为各国儿童权利保护立法及其他措施的制定提供了依据和参照。该宣言在儿童游戏权保护方面集中体现在第 7 条原则第 3 项规定中，"儿童应有游戏和娱乐的充分机会，应使游戏和娱乐达到与教育相同的目的，社会和公众事务当局应尽力设法使儿童享有此种权利"①。值得注意的是，这是游戏权首次出现在正式的国际文件中，而且在对儿童权利的认识上已由《日内瓦儿童权利宣言》中确立的"儿童是保护客体"观点提升为"儿童是权利主体"观念。但由于该宣言仅为宣誓性质，并无强制约束力，因而对儿童游戏权的保护并无实质上的意义，直到 1989 年《儿童权利公约》的通过才予以正式确认。

（四）《经济、社会及文化权利公约》

由于《世界人权宣言》不具有法律约束力，不利于增强对儿童权利的保障，故须将其条约化，《经济、社会及文化权利公约》便是条约化的一个结果。该公约作为一个重要的国际人权公约，重申了《世界人权宣言》第 24 条的精神，其中第 7 条第 4 款规定，"缔约国应承认人人有权享受公正和良好的工作条件，特别要保证：休息、闲暇、工作时间的合理限制，定期给薪休假及公共假日报酬"②。另外，在第 15 条第 1 款和第 3 款分别规定了"参加文化生活""对于其本人的任何科学、文学或艺术作品所产生的精神上和物质上的利益，享有被保护之权利"③，这直接影响到 1989 年《儿童权利公约》中第 31 条第 1 款之规定。

（五）《儿童权利公约》

随着人们对儿童权利认识的不断增强，国际社会对于制定一个全面规定儿童权利、具有广泛适用意义专门公约的呼声越来越高，在这种背景下，1989 年 11 月 20 日第 44 届联合国大会第 44/25 号决议协商一致通过了《儿童权利公约》。其中第 31 条规定："（一）缔约国

---

① 联合国高级人权委员会 ［EB/OL］. http：//www.unhchr.ch/html/menu3/b/25.htm。

② 国际人权法教程项目组：《国际人权法教程第二卷（文件集）》，中国政法大学出版社 2002 年版，第 29 页。

③ 同上书，第 31 页。

确认儿童有权享有休息和闲暇，从事于儿童年龄相宜的游戏和娱乐活动，以及自由参加文化生活和艺术活动。（二）缔约国应尊重并促进儿童充分参加文化和艺术生活的权利，并应鼓励提供从事文化、艺术、娱乐和休闲活动的适当和均等的机会。"[1] 第31条规定的儿童权利包括"休息与闲暇权利""游戏和娱乐权利""自由参加文化生活与艺术权利"等三项基本权利，其中"休息与闲暇权利"是承袭了1948年《世界人权宣言》第24条规定以及1966年《经济、社会及文化权利公约》第7条第4款规定的精神；"游戏和娱乐权利"则承袭了1959年《儿童权利宣言》中第7条原则第3项规定之精神；"自由参加文化生活与艺术权利"则是承袭了1966年《经济、社会及文化权利公约》第15条第1款和第3款规定之精神。可见，1989年的《儿童权利公约》乃集所有上述国际文件之大成也。另外需注意的是，这三种权利是一种并列关系，而非从属关系，这充分说明游戏权是一种独立的权利类型，并不附属于"休息与闲暇权利"。游戏权的具体发展脉络可见下表2-1所示。

表2-1　　　　　　　　**游戏权的发展脉络**

年份	名称	意义
1924 年	《日内瓦儿童权利宣言》	1. 国际上发出对儿童权利保护的最早心声；2. 游戏权未受到国际社会重视
1948 年	《世界人权宣言》	1. 首创"休息与闲暇权利"；2. 视为儿童游戏权的前身
1959 年	《儿童权利宣言》	1. 首创"儿童游戏权"；2. 强调"游戏目的与教育目的一致"
1966 年	《经济、社会及文化权利公约》	1. 重申"休息与闲暇权利"；2. 首创"自由参加文化生活与艺术权利"
1989 年	《儿童权利公约》	1. 集所有国际文件之大成；2. 儿童享有休息、闲暇的权利；3. 儿童享有游戏权；4. 儿童享有"自由参加文化生活与艺术的权利"

作为历史上缔约国最多的《儿童权利公约》在儿童权利保护方面

① 国际人权法教程项目组：《国际人权法教程第二卷（文件集）》，中国政法大学出版社2002年版，第83页。

确实起到了"儿童权利保护宪章"的作用，给各国制定保护儿童权利的国内法提供了具体的参照。值得注意的是，在它的影响下一些国内法及区域性的国际文件也都规定了儿童的游戏权。比如1990年通过的《非洲儿童权利与福利宪章》中第12条关于"闲暇、娱乐与文化活动"的规定与《儿童权利公约》第31条内容基本相同，是除《儿童权利公约》之外的另一个承认儿童享有游戏权的国际文件；在国内法方面墨西哥是一个代表，在2000年墨西哥众议院通过的《儿童及少年权利保护法》中第2编第11章第31—35条中明确规定儿童享有"休息及游戏权"，并将其作为独立的一章，具有积极意义。可见《儿童权利公约》的世界影响力。

二　国内法规范中的游戏权

游戏权作为儿童一项特殊人权的正式确认是在1989年的《儿童权利公约》中，它深深地影响到了各国的国内法，中国也不例外。中国对儿童游戏权的重视和保护也是在《儿童权利公约》通过的大背景下进行的，虽然中国没有正式提出儿童游戏权这一明确概念，但我们依然可以从对儿童权利保护、儿童游戏在学前教育中地位和作用的法律规范中去寻找一点蛛丝马迹。与儿童游戏权有关的法律法规主要有《未成年人保护法》、《幼儿园工作规程》、《幼儿教育指导纲要（试行）》、《特种设备安全监察条例》、《关于当前发展学前教育的若干意见》以及《3—6岁儿童学习与发展指南》等几部。

（一）《未成年人保护法》（1991年颁布，2006年修订）

为了更好地落实《儿童权利公约》精神，1991年第7届全国人大常委会第21次会议审议通过了《中华人民共和国未成年人保护法》，该法对儿童权利保护作了较为全面、系统的规定，因而有"中国儿童权利保护宪章"之美誉。其中与儿童游戏权相关的法律条文有如下几条：（1）对学校作为儿童游戏权义务主体的规定。第20条规定："学校应当与未成年学生的父母或者其他监护人互相配合，保证未成年学生的睡眠、娱乐和体育锻炼时间，不得加重其学习负担，不得延长在校学习时间。"第22条第2款规定："学校、幼儿园、托儿所不得在危及未成年人人身安全健康的校舍和其他设施、场所中进行教育教学活动。"（2）对政府作为儿童游戏权义务主体的规定。第29条规定："各级人民政府应当建立和改善适合未成年人文化生活需要的活动场所和设施，鼓励社会力量兴办适合未成年人的活动场所，并加强管理。"（3）对游戏设施或产品的安全与健康标准作出规定。第35条规定："生产、销售用于未成年人的食品、药品、玩具、用具和游乐设施等，应当符合国家标准或者行业标准，不得有害于未成年人的安全和健康；需要标明注意事项的，应当在显著位置标明。"第65条规定："生产、销售用于未成年人的食品、药品、玩具、用具和游乐设施不符合国家标准或者行业标准，或者没有在显著位置标明注意事项的，由主管部门责令改正，依法给予行政处罚。"①

（二）《幼儿园工作规程》（1996）

游戏对学前儿童的身心健康发展来说具有特别的意义。因此，在《儿童权利公约》通过的大背景下，国家教育委员会于1996年6月正式颁布施行《幼儿园工作规程》，确立了游戏在幼儿园教育中的重要地位。其中第21条第6款规定："以游戏为基本活动，寓教育于各项活动之中。"第25条规定："游戏是对幼儿进行全面发展教育的重要形式。应根据幼儿的年龄特点选择和指导游戏。应因地制宜地为幼儿创设游戏条件（时间、空间、材料）。游戏材料应强调多功能和可变性。应充分尊重幼儿选择游戏的意愿，鼓励幼儿制作玩具，根据幼儿的实际经验和兴趣，在游戏过程中给予适当指导，保持愉快的情绪，促进幼儿能力和个性的全面发展。"

（三）《幼儿教育指导纲要（试行）》（2001）

为推进幼儿园素质教育，全面提高幼儿园教育质量，教育部于2001年颁布施行《幼儿教育指导纲要（试行）》。这是指导中国幼儿园教育教学活动的纲领性文件，它吸收了现代教育的先进理念和科研成果，对幼儿园教育教学的指导思想、内容要求、实施策略、评价原则等提出了相对具体的指导意见，它也重申了《幼儿园工作规程》中关于游戏在幼儿园中的核心地位。该法在总则第5条中明确规定：

---

① 吴鹏飞：《嗷嗷待哺：儿童权利的一般理论与中国实践》，博士学位论文，苏州大学，2013年。

"幼儿园教育应尊重幼儿的人格和权利，尊重幼儿身心发展的规律和学习特点，以游戏为基本活动，保教并重，关注个别差异，促进每个幼儿富有个性的发展"，进一步肯定了儿童的游戏权益。

（四）《特种设备安全监察条例》（2003年颁布，2009年修订）

为了加强对特种设备的安全监察，防止和减少事故发生，保障人民群众的生命和财产安全。国务院于2003年制定了《特种设备安全监察条例》，该法在2009年加以修订。与儿童游戏权利保护的相关法律条文主要体现在儿童游乐设施的生产、使用、检验检测、监督检查、事故预防及调查处理程序、法律责任等几个方面：（1）儿童游乐设施的生产。该法第12条规定："锅炉、压力容器中的气瓶（以下简称气瓶）、氧舱和客运索道、大型游乐设施以及高耗能特种设备的设计文件，应当经国务院特种设备安全监督管理部门核准的检验检测机构鉴定，方可用于制造。"（2）儿童游乐设施的使用。该法第34条规定："客运索道、大型游乐设施的运营使用单位在客运索道、大型游乐设施每日投入使用前，应当进行试运行和例行安全检查，并对安全装置进行检查确认。电梯、客运索道、大型游乐设施的运营使用单位应当将电梯、客运索道、大型游乐设施的安全注意事项和警示标志置于易于为乘客注意的显著位置。"（3）儿童游乐设施的检验检测。该法第46条第1款规定："特种设备检验检测机构和检验检测人员应当客观、公正、及时地出具检验检测结果、鉴定结论。检验检测结果、鉴定结论经检验检测人员签字后，由检验检测机构负责人签署。"（4）儿童游乐设施的监督检查。该法第56条规定："特种设备安全监督管理部门对特种设备生产、使用单位和检验检测机构实施安全监察时，应当有两名以上特种设备安全监察人员参加，并出示有效的特种设备安全监察人员证件。"（5）儿童游乐设施的事故预防与调查处理程序。该法第70条规定："特种设备安全监督管理部门应当对发生事故的原因进行分析，并根据特种设备的管理和技术特点、事故情况对相关安全技术规范进行评估；需要制定或者修订相关安全技术规范的，应当及时制定或者修订。"（6）儿童游乐设施安全的法律责任。该法第85条规定："电梯、客运索道、大型游乐设施的运营使用单位有下列情形之一的，由特种设备安全监督管理部门责令限期改正；逾期未改正的，责令停止使用或者停产停业整顿，处 1 万元以上 5 万元以下罚款：①客运索道、大型游乐设施每日投入使用前，未进行试运行和例行安全检查，并对安全装置进行检查确认的；②未将电梯、客运索道、大型游乐设施的安全注意事项和警示标志置于易于为乘客注意的显著位置的。"①

（五）《关于当前发展学前教育的若干意见》（2010）

为解决学前教育中存在的"入园难"的问题，国务院于 2010 年发布了《关于当前发展学前教育的若干意见》，简称 41 号文。该文提出的 10 条意见中与儿童游戏权相关的是第 8 条意见，内容有"加强对幼儿园保教工作的指导，2010 年国家颁布幼儿学习与发展指南。遵循幼儿身心发展规律，面向全体幼儿，关注个体差异，坚持以游戏为基本活动，保教结合，寓教于乐，促进幼儿健康成长。加强对幼儿园玩教具、幼儿图书的配备与指导，为儿童创设丰富多彩的教育环境，防止和纠正幼儿园教育'小学化'倾向。研究制定幼儿园教师指导用书审定办法。建立幼儿园保教质量评估监管体系。健全学前教育教研指导网络。要把幼儿园教育和家庭教育紧密结合，共同为幼儿的健康成长创造良好环境"。从内容上看，该意见只是重申了《幼儿园工作规程》第 21 条及《幼儿教育指导纲要（试行）》总则第 5 条的基本精神，强调游戏是幼儿园的基本活动。

（六）《3—6 岁儿童学习与发展指南》（2012）

在全球共同关注学前教育质量以及中国学前教育领域"小学化"现象日益严重的大背景下，教育部于 2012 年 10 月 15 日正式颁布了《3—6 岁儿童学习与发展指南》，以正确引领社会的教育观、儿童观、发展观。《指南》提供了一个具体明确的、可操作性强的教育指引，其中与儿童游戏权相关的内容体现在说明部分第 4 大点第 4 小点中规定，"理解幼儿的学习方式和特点。幼儿的学习是以直接经验为基础，在游戏和日常生活中进行的。要珍视游戏和生活的独特价值，创设丰富的教育环境，合理安排一日生活，最大限度地支持和满足幼儿通过

---

① 吴鹏飞：《嗷嗷待哺：儿童权利的一般理论与中国实践》，博士学位论文，苏州大学，2013 年。

直接感知、实际操作和亲身体验获取经验的需要，严禁'拔苗助长'式的超前教育和强化训练"。这可视为对儿童学习与游戏之间关系的科学论断，也在某种程度上肯定了儿童游戏权本质上属于儿童的学习权。

综上所述，虽然国内法律法规不同程度上涉及了儿童游戏权，但由于现有的法律法规条文中没有明确提出儿童游戏权这个概念，没有将其作为一项独立权利单行列出，再加上对儿童游戏权的保护仅仅停留在宣誓性、口号性的层面，缺乏强制力和可操作性，所以中国儿童游戏权的保护仍然是一个薄弱环节。

第三章　依据与确证：儿童游戏权的
存在基础与证成

第一节　儿童游戏权的存在基础

一　权利的存在基础

任何一项权利在从应有权利到法定权利再到现实权利的动态变化过程中，都有其背后的根源，换句话来讲，意即任何一项权利的存在都有一定基础，离开了一定的基础，这种权利就失去了存在的合理性。

关于权利的基础，马克思曾指出，权利不是天赋的，而是社会历史发展到一定阶段的产物。在原始社会的氏族制度下，人们并无权利的概念。只是到了后来出现了私有制、阶级和国家，才有了公共权力，有了法律，然后才有为法律所确认和保护的权利。[①] 权利产生后，在特定的社会条件下，一个人能否享有权利，享有哪些权利，在现实生活中能在多大程度上切实地行使权利，同样不是无限制的，而是永远不会超出该社会物质生活条件所许可的范围。这也正如马克思所言："权利永远不能超出社会的经济结构以及由经济结构所制约的社会的文化发展。"[②] 这也就是为什么会有应有权利、法定权利和实有权利之分。

---

① 尹力：《儿童受教育权：性质、内容与路径》，教育科学出版社 2011 年版，第 11 页。

② ［德］马克思等：《马克思恩格斯选集》（第三卷），人民出版社 1972 年版，第 12 页。

二 儿童游戏权的存在基础

如前所述，任何一种权利都是社会生活发展到一定阶段的产物，游戏权也不例外。游戏权之所以能成为儿童的一项基本权利，也不是凭空产生的，也是在社会政治经济文化发展到一定程度，随着人们对于儿童、童年的理性认识以及对于游戏之于儿童的独特价值的科学认识的基础上发展起来的。因此，从这个意义上讲，游戏权的存在基础有两个：一是对于儿童和童年的理性认识；二是对于儿童游戏的科学认识。

首先，就第一个基础来看。人们对于儿童和童年概念的本质认识是经历了长期的历史积淀和艰难跋涉，纵观人类社会的发展进程，儿童和童年概念在相当长的一段时间里是不存在的。在原始社会新生婴儿不被视为人，而是父母的附属品，杀婴、弃婴现象非常普遍；在奴隶社会，儿童同样是被看作成人、家庭或者国家的附属物，如古希腊的斯巴达城邦，婴儿刚出生就受到国家长老检查，合格的交给父母代替国家抚养，不合格的被抛弃。古罗马同样存在类似习俗，出生婴儿放在父亲脚下，由父亲决定是否留养或抛弃。到了中世纪，教会地位独尊，宗教教义强化了子女对父母的从属地位，儿童和童年概念依然没有出现，当时社会上流行着两种儿童观——性恶论和预成论，儿童要么被当作带有与生俱来的原罪实施严厉的管制或加以惩罚，要么被当作小大人，毫无权利可言。到了文艺复兴时期，受人文主义思想的影响，儿童的价值和童年意义开始被人们所确认。这个过程中不得不提到三个人物：第一个是伊拉斯莫斯，他十分重视儿童的早期教育，认为自由的教育是符合儿童天性的，恐怖的教育手段应该被抛弃。要求教师切不可把幼儿的儿童视为"小大人"，忽视儿童的早期教育是一种比杀婴行为更为严重的犯罪。[①] 第二个人物是洛克，他把儿童视为一种珍贵的资源，以开发他们的理性能力作为教育目的，并且抓住了羞耻感的重要性，使之成为保持童年与成年之间区别的工具。[②] 第

---

① 谭旭东：《论童年的历史建构与价值确立》，《涪陵师范学院学报》2006年第6期。

② ［美］尼尔·波茨曼：《童年的消逝》，吴燕莛译，广西师范大学出版社2004年版，第82页。

三个人物是卢梭，卢梭对于童年的发展有两个主要贡献。其一，他坚持儿童自身的重要性，儿童不止是达到目的的方法。在这一点上，他的观点与洛克大相径庭，洛克认为儿童始终是潜在的公民或者商人。其二，卢梭认为，儿童的知识和情感生活之所以重要，并不是因为我们必须了解它才能教育和培养儿童，而是因为童年是人类最接近"自然状态"的人生阶段。① 之后，儿童的道德地位和法律地位迅速提升，进入被誉为"儿童的世纪"的 20 世纪，伴随着现代儿童和童年观的确立，随着儿童权利运动兴起，儿童权利主体观念真正确立起来，游戏权也最终在《儿童权利公约》中得以确认。

其次，就第二个基础来看。成人和儿童都玩游戏，为什么单独对儿童的游戏权加以确认和保护，这主要还在于游戏对于儿童来说有独特的价值，这种价值是游戏对于成人而言所不具备的。如果把游戏的价值简单分为享乐和发展两个维度的话，那么游戏对于成人而言，它的价值可能更多的是一种享乐；而对于处于未成熟状态的儿童来说，游戏的发展价值则更为突出。在游戏对儿童的发展价值上，人们进行了大量的研究，已有研究在游戏对儿童的身体发展、认知发展、社会性发展、情感和个性发展上几乎都持肯定态度。另一些研究也从反面支持了游戏对儿童发展的特殊价值。美国一名内科医生、精神分析学家和游戏研究人员斯图尔特·布朗（Stuart Brown）曾被委派去调查一个杀人犯——查尔斯·惠特曼（Charles Whitman）的行为特征，该罪犯曾在 1966 年将自己堵在德克萨斯州大学的 27 层大楼顶部枪杀 44人。调查结果发现，惠特曼的父亲曾在家庭中对他实施过暴力和野蛮行为，孩提时代的他也没有参与到正常的游戏活动之中。在游戏场地，他总是把自己孤立起来，在家也没有玩游戏的时间。这项调查之后，布朗还对德克萨斯州 26 名杀人犯进行了研究，发现其中有 90%的人在童年期要么不玩游戏，要么玩非正常的游戏——如欺侮、虐待、残害动物或开极端玩笑等。在他另外进行的一项关于酒后驾车造

① ［美］尼尔·波茨曼：《童年的消逝》，吴燕莛译，广西师范大学出版社 2004 年版，第 83—85 页。

成自己或他人丧生的研究中，发现其中有 75% 的人玩那些非正常游戏。① 可见，游戏对于儿童的特殊意义。相比成人而言，儿童更需要游戏，因为游戏就是儿童生命存在的方式，没有游戏，儿童将失去自己的生活，生命将枯竭。正如学者所言："游戏作为儿童的基本生活方式，它是儿童成长和精神发生的动力和源泉，它赋予儿童和谐美好的童年生活。"②

综上，我们可以看出，游戏权存在的两个基础共同昭示一点：游戏权的存在是以儿童和成人世界区分为前提，没有对儿童阶段独特特点的承认，没有对儿童独立主体的认识，就不会有儿童权利，更不会有游戏权。因此，"可以说，将儿童从父母的私有财产的观念中解救出来，将儿童从成人世界的附属地位中解放出来，将儿童从以成人为中心的观念系统中剥离出来的反思都始于儿童与成人世界的区分，这种区分是思考儿童的道德地位和研究儿童权利的逻辑起点和基本前提"③。由此可知，游戏权存在的最根本基础就是对于"儿童"的认识，对于儿童不同于成人的特殊本质的认识，正是因为有了"儿童"观念，有了儿童不同于成人的观念，才有儿童游戏与成人游戏不同，儿童游戏需要特别保护，也才会有儿童游戏权的概念。

第二节　儿童游戏权的证成

游戏权作为一种新型的权利形态，是需要提出理由加以论证的，游戏权的证成就是寻找到支持其作为法权存在的正当性根据或法观念基础。简言之，即回答游戏权存在的正当性问题。

一　游戏权在自然法理论上的证成

在为权利诉求提供正当性论证方面，从古到今皆以自然法学派为

---

① ［美］杰·福雷斯特：《游戏与儿童发展》，唐晓娟、张胤等译，江苏教育出版社 2011 年版，第 97—98 页。

② 丁海东：《论儿童游戏的生活本质》，《山东师范大学学报》（人文社会科学版）2003 年第 3 期。

③ 张扬：《西方儿童权利理论研究》，博士学位论文，吉林大学，2011 年。

上。因此，本书在游戏权的证成上，也同样需要借助自然法的理论和方法。自然法学派是西方法律思想史上历史最为悠久的一个法哲学流派，作为一个学派，本应有自己确定而同一的体系内容或理论信条，但实际上自然法理论更接近于是历史的，不同的历史时期学者们有不同的解释，以至于现代德国自然法学者施塔姆勒提出了"内容变动的自然法"① 观点。尽管如此，自然法学派在理论关切和思想进路方面还是保持着惊人的延续性，正是这些共同性的要素促使其被视为一个学派。比如自然法学派一直沿用的概念有自然、正义、善、自然权利、自然法、自然等，自然法学派的概念、理念、理论关切和思想进路为我们探寻各种法律问题提供了有益的理论视角和思维路径。本书即试图借鉴自然法的这种理论视角和思维路径，尤其是现代自然法理论中居于核心地位的"事物之本质"理论、"自然权利"理论和"正义"理论，来为游戏权的正当性寻求依据。

（一）基于"事物之本质"理论的游戏权

所谓"事物之本质"，包括人的本质和人生存于其中的生活世界的本质，前者指人在身心两方面的本能和固有特性；后者指自然事物、人的各种活动领域、人类共同体的客观规律性。"事物之本质"理论认为，"事物之本质"是各种事物内部客观存在的一种固有普遍秩序，这种秩序及正义与善的尺度和根据，即自然法的客观内涵。立法者的任务就是去发现或认识这种自然法，并按照它的指示把人和事安排在（实在）法制度里，赋予它们以位置（即权利义务），使各得其所，各安其分。② 既然法律源于"事物之本质"，权利当然也是如此，因为权利乃是与法俱来的东西。

既然权利源于"事物之本质"，那么游戏权的"事物之本质"为何呢？要回答好这个问题，这就有必要从游戏与人的密切关系谈起。游戏是一种古老的社会文化现象，它有着比人类还漫长的历史。关于游戏与人的关系，席勒有句名言："只有当人是完全意义上的人，他

---

① ［德］考夫曼：《法律哲学》，刘幸义等译，法律出版社2004年版，第36页。
② ［德］H. 科殷：《法哲学》，林荣远译，华夏出版社2002年版，第147页。

才游戏；只有当人游戏时，他才完全是人。"① 他将游戏看作人之为人的标志，换言之，当人不能游戏时，他将不成为一个完全意义上的人。如果说这种从人的发展、人的自由的哲学高度来探讨游戏本质过于抽象的话，那么研究游戏的著名学者胡伊青加的大胆断言"人是游戏者"② 则更有说服力了。他认为，人类所有的活动——科学、艺术、宗教、法律等都是从游戏的胚胎发育而来的。在胡伊青加那里，游戏是人的存在方式，人成为一种游戏化存在。就游戏起源于文明这一事实而言，较之"人是理性者"的命题，它是人更为根本的存在方式。③ 可见，人与游戏好比鱼和水的关系，鱼儿离不开水，人也离不开游戏。若离开了游戏，人将不人。尽管游戏是跨年龄现象，任何阶段的人都游戏，但是游戏对于成人和儿童具有不同的意义。最早提出"游戏期"概念的德国学者格鲁斯认为动物在幼年时代存在一段不成熟期，在这一阶段，动物与生俱来不成熟的本能，在实际需要它们之前，必须通过游戏加以练习，在游戏中通过模仿，使成年生活所必须具备的、以本能为基础的能力得到锻炼，使之趋于成熟和完善。④动物存在"游戏期"，人也一样，古今中外的儿童没有不着迷游戏的。近年来脑科学和动物游戏的研究成果为我们认识童年游戏的意义提供了有力的证据。纳什根据贝洛医学院的研究报告指出，"游戏不充分或很少被抚触的幼儿，他们的大脑比同龄正常儿童的大脑要小20%～30%"。另一位美国科学家玛丽莲·戴梦德把同窝鼠放在刺激"丰富的"和"贫乏的"两种不同的环境喂养，结果发现那些积极主动地探索环境（钻爬迷宫）、与伙伴同玩弄物体的老鼠的大脑皮层较厚，有更多的突触联系。而那些只是坐着不动，看其他伙伴活动的老鼠的大脑皮层没有发生类似的、有测量意义的变化。⑤ 游戏剥夺的研究结论恰恰也能说明早期游戏的缺失对大脑的发育及以后的人类机能

---

① ［德］席勒：《审美教育书简》，冯至等译，北京大学出版社 1985 年版，第 80 页。

② ［荷］约翰·胡伊青加：《人：游戏者——对文化中游戏因素的研究》，成穷译，贵州人民出版社 1998 年版，第 15 页。

③ 黄进：《游戏精神与幼儿教育》，江苏教育出版社 2006 年版，第 50 页。

④ 刘焱：《儿童游戏通论》，北京师范大学出版社 2004 年版，第 29—30 页。

⑤ 同上书，第 30 页。

都产生深远影响。正如有的研究者所指出的，"灵长类动物从出生到成熟间的大脑发育程度反映了每个物种所进行的游戏活动的量"[①]。

由此可见，对于儿童来说，游戏成为一种关系到生存和发展的至关重要的利益。可是，对于这种至关重要的利益的获取，儿童本应该自己独立去争取，然而这不是他们单方面所能掌控的事情，受制于自身心智的不成熟及对成人的依附，儿童能否获得足够的游戏活动量很大程度上取决于成人。当成人对儿童游戏的价值有科学的认识时，他就能为儿童游戏积极创造条件和机会，支持和帮助儿童游戏，关乎儿童生存和发展的至关重要的利益就能得到满足；当成人不能认识甚至否定儿童游戏的巨大价值时，他就会做出限制乃至剥夺儿童游戏的举动，损害儿童的生存和发展利益。当社会上的主流观念是轻视游戏或敌视游戏时，游戏这种关乎儿童生存和发展的至关重要的利益将无法得到保障，最后的救命稻草只有公权力。作为公权力履行自己职能的手段，赋予这种生存和发展利益以法律权利形态，从而使之得到可靠的尊重、承认和保护，乃"事物之本质"使然的事情。

（二）基于"自然权利"理论的游戏权

"自然权利"理论认为，人的本性和尊严是自然权利和自然法的源泉，考夫曼曾称自然法"乃是以预先存在及相同的'人类本质'为准"[②]，当代国际人权宪章的两大公约[③]都是以"确认这些权利是源自人的固有尊严"为开篇。可见，在自然法学派那里，人的本性和尊严是权利的来源。那何为人的本性和尊严呢？自然法思想家们存在一些分歧，但一般包括人的欲望、理性、自由意志、德性等，人的这些本性使得人成为宇宙间自主、自治、自由、源于自然（或上帝）却与自然（或上帝）比肩的主体，用康德的话来讲就是"人是目的，而不是工具"，这便是人所独有的尊严。从人的本性和尊严出发来论证权利的正当性，使得权利和法律的关系并非如边沁所言"权利乃法律之子"，而是恰如德沃金所说"权利先于法律而存在，权利是被承

---

① ［美］杰·福雷斯特：《游戏与儿童发展》，唐晓娟、张胤等译，江苏教育出版社2011年版，第81页。

② ［德］考夫曼：《法律哲学》，刘幸义等译，法律出版社2004年版，第43页。

③ 指《公民权利和政治权利公约》和《经济、社会和文化权利公约》两大公约。

认而非被赋予的"。

　　游戏之所以能成为儿童的权利在"自然权利"理论看来，乃是源于人的本性和尊严。首先，自由是游戏的基本特性之一，这与人的本性相契合。古今中外诸多游戏理论研究者都把自由作为游戏的一个基本特征，研究游戏的著名学者胡伊青加把游戏的"自由"理解为"自愿"，他认为，"首先，一切游戏都是一种自愿的活动。遵照命令的游戏已不再是游戏，它至多是对游戏的强制性模仿"①。接着，他又对自愿进行了解释，"儿童和动物之所以游戏，是因为它们喜欢玩耍，在这种喜欢中就有着它们的自愿……游戏的最主要的特征，即游戏是自愿的，是事实上的自由"②。法国学者罗格·凯洛斯在《游戏与人》一书中指出："游戏应该被定义为是自发自由的活动，是喜悦与快乐的源泉。当游戏参与者感觉到是被强迫参与时就已经不是在玩游戏了。重要的一点是，游戏者拥有一种自由，即当想结束时，就能够轻松地说不玩了，然后潇洒地离去。"③ 可见，游戏作为一种自由活动与自然法学家所言之"自主""自治""自由"等人的本性是相契合的，游戏成为儿童的一项权利乃是对人的本性的尊重。其次，游戏是儿童的天性。这是早已为许多思想家所阐发的观点，最早将游戏提升到人的本体论高度的哲学家席勒认为，人身上始终存在"感性冲动"和"形式冲动"两种对立要求，仅靠着二者的相互作用，人是不能达到完美和谐的，必须要有第三种冲动（席勒称之为"游戏冲动"）来弥合两者之间的鸿沟，从这个意义上讲"游戏冲动"是在人的本性中自然存在的；④ 而被称为"发现儿童"的自然主义教育家卢梭则认为，儿童天生是喜爱游戏的，这种"本性最初的冲动始终是正确的"⑤，如果不允许这样做的话"他们也许就会痛得泪流满面"⑥。

　　① ［荷］约翰·胡伊青加：《人：游戏者——对文化中游戏因素的研究》，成穷译，贵州人民出版社1998年版，第9页。

　　② 同上书，第10页。

　　③ ［日］高杉自子：《与孩子们共同生活——幼儿教育的原点》，王小英译，华东师范大学出版社2009年版，第39页。

　　④ ［德］席勒：《审美教育书简》，上海人民出版社2003年版，第124页。

　　⑤ ［法］卢梭：《爱弥尔》，李平沤译，商务印书馆1996年版，第95页。

　　⑥ 同上书，第158页。

被称为"幼儿园之父"的福禄倍尔更是把儿童游戏的价值提升到一个前所未有的高度，他认为儿童游戏是"内在本质的自发表现，是内在本质出于其本身的必要性和需要的向外表现……是人在这一阶段上最纯洁的精神产物……所以游戏给人以欢乐、自由、满足、内部和外部的平静，同周围世界的和平相处。一切善的根源在于它、来自它、产生于它"①。杜威亦强调儿童具有游戏的本能，他认为，自由和内在驱动是游戏的两个典型特征，游戏是儿童的一种本能，对于儿童教育尤其是年幼儿童的教育，"无不在很大程度上依赖游戏和娱乐"②。蒙台梭利也指出，儿童具有主导本能和工作本能，游戏的本能是儿童工作本能的一部分，这种本能的实现如同成人工作一样，是严肃和有价值的。③ 天性是人身上的自然，尊崇天性就是尊崇人自身，按照康德"人是目的"的观点，尊重儿童游戏实为对人生命本质的尊重，对人性和人的尊严、价值的尊重。最后，游戏是儿童文化的核心精神。胡伊青加在游戏和文化之间的关系上有他独到的见解，他认为，游戏是文化的母体，文化在很大程度上是以游戏的形式存在的，儿童文化也不例外。儿童文化是儿童这个群体所特有和共有的思想方法、行为方式和心理特点、世界观等，它是儿童自己在其中决定其标准和价值的文化，④ 作为儿童成长摇篮的儿童文化，它的核心精神是游戏，但对于儿童来说，游戏不仅仅意味着玩，甚至也不仅仅是儿童用以理解世界的手段，他实际上是儿童存在的一种形式，是儿童生存的一种状态。⑤ 所以，从这个意义上讲，儿童的生活就是游戏，游戏就是儿童的生活。当游戏被异化或驱逐，儿童文化将面临危机，儿童健康的成长将受到阻碍，儿童幸福的童年生活将逐渐远离，而这一切结果对儿童来说都是不人道和违背人性的。

　　综上所述，游戏是符合儿童本性的，是符合儿童的需求和利益的，赋予儿童游戏权利乃是符合儿童作为人的尊严和价值，任何游戏

① ［德］福禄倍尔：《人的教育》，孙祖复译，人民教育出版社 2003 年版，第 39 页。
② 周采等：《外国学前教育史》，北京师范大学出版社 1999 年版，第 288 页。
③ 黄进：《儿童游戏文化引论》，南京师范大学出版社 2012 年版，第 18 页。
④ 边霞：《儿童的艺术与艺术教育》，江苏教育出版社 2006 年版，第 10 页。
⑤ 同上书，第 22 页。

异化和剥夺现象都是对儿童人性尊严的践踏。联合国 1989 年通过的《儿童权利公约》将游戏提升为儿童的一项权利乃是对儿童人性尊严的救赎，这体现了社会的文明进步。

（三）基于"正义"理论的游戏权

"正义"自古以来就是自然法理论中最重要最核心的部分，以至于自然法被理解为"正义的各种原则的综合"① 或"论述正义的理论"②。正义理论的总的目的指向，是为了获得正当的法律或良法。③但是，从正义论的演变历程看，大致经历了由最早的寻求"正当的行为"到后来的寻求"正当的法律"再到近现代的寻求"正当的权利"这样一个过程。因此，可以说正义论的基本功能之一就是为寻求"正当的法律或权利"服务，它其实就是通过设置一定的选择、判断、评价标准对欲成为权利或法律的东西进行审查。当然，正义论既然有证成功能，也就会有淘汰功能，即证成应该成为权利或法律的东西，淘汰不应该成为权利或法律的东西。正义论的这种功能是"自然权利理论"和"事物之本质"理论所不具备的，因为无论是"自然权利理论"还是"事物之本质"理论都没有涉及复杂社会生活中各种利益冲突问题，而这种利益冲突最终只有靠价值来形成一条解决冲突的规则，④ 而这恰恰是正义理论所擅长的领域。

在正义理论研究中，美国当代道德哲学家约翰·罗尔斯的正义原则被认为是该理论体系中最新的、最辉煌的研究成果。罗尔斯的正义理论包括一个一般的正义观、两条正义原则和两条优先原则。一般的正义观是指所有的社会基本善——自由和机会，收入和财富及自尊的基础——都应被平等地分配，除非对其中一种或所有基本价值的一种不平等分配有利于最少受惠者的利益。该正义观可分解为两条正义原则：第一个正义原则：每个人对与所有人所拥有的最广泛平等的基本

---

① ［德］H. 科殷：《法哲学》，林荣远译，华夏出版社 2002 年版，第 165 页。
② 牛津法律大辞典编纂委员会：《牛津法律大辞典》，光明日报出版社 1988 年版，第 498 页。
③ ［美］E. 博登海默：《法理学——法哲学及其方法》，邓正来等译，华夏出版社 1987 年版，第 238 页。
④ ［德］H. 科殷：《法哲学》，林荣远译，华夏出版社 2002 年版，第 150 页。

自由体系相容的类似自由体系都应有一种平等的权利；第二个正义原则：社会和经济的不平等应这样安排，使它们：（1）在与正义的储存原则一致的情况下，适合于最少受惠者的最大利益；（2）依系于在机会公平平等的条件下职务和地位向所有人开放。两个正义的原则应以词典式次序排列。根据词典式次序，第一个原则表现为一种"平等自由原则"，第二个原则分别表现为"差别原则"与"机会公平原则"。并且第一个原则优先于第二个原则，第二个原则中的"机会公平原则"优先于"差别原则"。只有在充分满足了前一原则的情况下才能考虑后一原则。①

　　罗尔斯的正义理论为儿童游戏权的证成提供了另一条思路。首先，从罗尔斯正义论的第一原则看，它是自由和平等这两种传统价值的结合，又被称为平等的自由原则。根据这一原则，所有儿童都平等地享有自由游戏权，它包含两层含义：一是游戏机会平等。它要求平等地对待每一个儿童，给每一个儿童以平等的游戏机会。换言之，每一个儿童都平等地享有游戏权，不管你在哪个国家和地区，不管你所处的环境如何，不管你的出身和天赋如何，都应平等对待。这在《儿童权利公约》第2条中有明确规定："本公约缔约国应尊重本公约所列举的权利，并确保其管辖范围内的每一儿童均享受此种权利，不因儿童或其父母或其法定监护人的种族、肤色、性别、语言、宗教、政治或其他见解、民族、族裔或社会出身、财产、伤残、出生或其他身份而有任何差别。"② 可见，游戏权是世界儿童共享的权利。平等作为一种理念、一种原则，在罗尔斯正义论第一原则中主要表现为一种形式平等，即"所有的社会基本善——自由和机会，收入和财富及自尊的基础——都应被平等地分配"③。形式上的平等对保护弱势群体意义重大，但这种游戏机会的平等未必会带来发展结果的平等，因而

---

① ［美］约翰·罗尔斯：《正义论》，何怀宏等译，中国社会科学出版社1988年版，第302页。

② 国际人权法教程项目组：《国际人权法教程第二卷（文件集）》，中国政法大学出版社2002年版，第75页。

③ ［美］约翰·罗尔斯：《正义论》，何怀宏等译，中国社会科学出版社1988年版，第292页。

要达到实质的平等只有通过罗尔斯正义论的第二原则——"差别原则"来实现。二是幼儿游戏过程自由。自由是游戏的典型特征，被强迫的游戏就不再是游戏了。儿童之所以游戏就是因为出于自发、自愿的需要，因为游戏给他们带来了欢乐，他们在游戏中可以自由选择游戏的时间、内容、材料、玩法、玩伴等，他们是游戏的主人，主宰着游戏的发展。自由权是游戏权的核心，但需要指出的是，自由不是无限制的自由，罗尔斯认为自由可以因自由而被限制，即个体自由不能破坏各种基本自由权所构成的"基本自由体系"[①]。对儿童来说，在进行游戏活动时，其游戏自由权不能以牺牲或破坏其他儿童的游戏自由权为代价。从罗尔斯正义理论的第二原则看，它是国家为谋求社会公正对社会财富进行的再分配，换言之，这是一种分配的正义，是对弱势群体进行补偿的差别原则。它也包含两层含义：一是对于儿童这个特殊群体来说，赋予儿童游戏权体现了对儿童的弱势补偿。因为依据人权普遍性原理，无论是社会强者还是社会弱者都应当是人权主体，平等享有人权。在现代社会中，对人的尊严的尊重构成了正义的底线。[②] 儿童作为一个特殊群体，同样有获得平等权的欲望，同样具有人的尊严，享有人的基本权利。但儿童毕竟仍是一个弱势群体，无论我们如何承认他们是权利主体，他们的权力很大程度还是依赖成人的帮助来行使。因此，对这样一个弱势群体，依据"差别原则"加以特殊关照，是"实质正义"或"分配正义"的必然要求。二是不同的地域在游戏环境上千差万别，对一些经济落后的偏远的农村地区，可以依据补偿原则，通过加大对这些地区的游戏场地、设施、材料的投入，从而实现"分配的正义"。

二　儿童游戏权在人权理论上的证成

人权作为一个普遍接受的政治和道德观念，是当代政治法律体系中最为关注的一个术语。人权概念由人道和权利这两个概念构成，是

---

① ［美］约翰·罗尔斯：《正义论》，何怀宏等译，中国社会科学出版社1988年版，第202页。

② 张文显：《法理学》（第二版），高等教育出版社2003年版，第411页。

二者的融合。人权具备权利概念的一般特征，所不同的只是加入了关于人的尊严和价值等特定意蕴。人权即人的权利，是人之为人应该享有的权利。人之作为人是一个道德判断，不是法律判断。① 因此，人权本质上是道德权利，具有应然性质。正因为人权属于应有权利，所以提出人权主张是需要论证的，即需要提出理由加以证成的。② 游戏权作为儿童应该享有的一项特殊人权，同样需要提出适当的理由加以证明。这其中，儿童能否作为游戏权主体是人权理论争议较大的问题。

（一）儿童作为权利主体在人权理论上的证成困境

儿童是否可以拥有权利？能否成为权利主体？对这些问题的反思最初是在人权维度上展开的。在人权的证成这个问题上，西方学者大多从普遍主义角度出发，他们的基本逻辑为：人们拥有权利的唯一理由是，他们是人。人之所以拥有权利，是因为他是一个人。③ 人权是人之为人的权利，这种权利是生而有之的、普遍的、无条件的、不可让渡和不可剥夺的，是任何地方任何人毫无例外所享有的权利。由此逻辑出发，儿童是人，儿童与成人一样被赋予同等的道德地位，儿童当然权利主体地位，拥有人之为人的权利。人权论证逻辑对于提升儿童的道德地位，尊重儿童的独立人格和主体意识着实有着积极的意义。但仔细思考一下，你便会发现这种论证逻辑过于简单、粗糙，存在许多漏洞。首先，这种论证对人权理论中的"人"理解有误。在西方自由传统下，人权理论中的"人"是指平等和自治的人，即理性的成年人，而非生理意义上的人，儿童是被排除在"人"的含义之外的，因此，是不被赋予人权的。其次，这种论证抹杀了儿童群体的独特性。儿童被赋予与成人同样的道德考量容易被误解为儿童与成人应当拥有同样的权利，因为成人是人，儿童是人，儿童与成人一样都拥有人之为人的权利。无论是把儿童排除在"人"之外，还是赋予儿童与成人同样的权利，儿童权利这个概念面临尴尬境地，要么不

---

① 夏勇：《中国民权哲学》，生活·读书·新知三联书店 2004 年版，第 319 页。
② 张文显：《二十世纪西方法哲学思潮研究》，法律出版社 1996 年版，第 509 页。
③ 同上书，第 430 页。

复存在，要么与成人权利重合而变得毫无意义或多此一举。

（二）儿童作为权利主体在人权理论上的证成出路

对于儿童作为权利主体在人权理论上论证遇到的困境也许可以通过以下途径来解决。第一，对于儿童作为权利主体地位的反思，我们应该回到人权的本原中去寻求证据。人权的本原是什么？简单地说是人性，换言之是人的自然属性和社会属性。人作为"能思想的存在物"与动物的根本不同就在于人有人性，人权这个概念的提出，就是因为"有人不把他人当作人对待的社会现实存在，尤其是拥有权利者对人们权利的侵犯"①。从人的自然属性看，人有被当作人看待的天性，有不但要活下去，而且要活得好的追求。人权就源于人的这种需求和利益，这是人权的目的和根本价值所在；从人的社会属性看，人是生活在人与人之间的社会关系之中，而不是一个人生活在这个世界上，权利对权利的侵犯尤其是权力对权利的侵犯的现象经常发生，这是人权问题出现的外在条件。人的自然属性和社会属性决定了人在这个社会上是一切社会活动的中心主体，有不同于动物的人格、尊严和价值，如果一个人连生命、安全和自由都得不到保障，他将失去做人的资格，失去做人的尊严和价值。因此，从这个意义上讲，人权的本质就是对人的人格、尊严、价值给予平等的承认和尊重。由此，儿童也是人，儿童也是有独立人格、尊严和价值的主体，儿童也应该被赋予与成人一样的道德考量就理所当然了。第二，对于赋予儿童与成人同样的道德考量不代表儿童与成人拥有同样的权利。儿童与成人在生理、心理诸多方面都有不同特点，我们之所以赋予儿童权利主体地位恰恰是希望成人关注到儿童非成人的特殊状态，对儿童的特殊利益和诉求给予特别的关照。因此，我们在主张儿童权利时，一方面要赋予儿童与成人同等的道德地位，另一方面又要理解儿童的非成人状态而给予特殊对待。但又是一个两难境地，无论是平等考虑还是特殊对待，主体都是成人，如何能保证成人没有私心而能最大程度上为儿童利益考虑呢？这个问题也是儿童权利理论上"保护论"和"解放论"争议的焦点问题，这个问题随着 20 世纪 80 年代后"调和论"出现而

---

① 李步云等：《人权法的若干理论问题》，湖南人民出版社 2007 年版，第 75—76 页。

暂时平息。"调和论"的代表人物萨曼莎·布伦南（Samantha Bren-nan）和罗伯特·诺格尔（Robert Noggle）提出了将平等考虑理论、不平等对待理论和有限父母权利理论等三种关于儿童道德地位的最普遍的理论调和在一起。他们指出，"任何可以被接纳的关于儿童道德地位的理论必须容纳三种主张：儿童应受到与成人同样的道德考量，他们需要有别于成人的对待，儿童的父母应该得用有限的权威来指导他们的成长"①。在这个理论中，赋予儿童与成人同等的道德考量是谈论儿童权利的前提，具有本体论意义；儿童与成人不平等对待意味着儿童与成人拥有一大包不同的权利和义务清单，而且在不平等对待理论中，儿童内部也应该依儿童年龄不同而配置不同的权利和义务。如可以把0—18岁儿童再具体细分为婴幼儿、年龄较小的儿童、青春期儿童及年龄较大的儿童等，避免单一儿童年龄标准的任意性，这样可以更有效地保护儿童权利；有限父母权利理论主要是针对家庭中儿童保护的，儿童在家庭的重要角色就是作为父母的孩子，这种角色要求儿童接受父母的管理和教育，因此赋予父母一定的权威而对子女实施一定程度的限制是合理的。但这种权威又是有限的，因为父母在施展权威时要保持必要的谨慎和克制，以为儿童发展自治的潜能留下尽可能大的空间，通过这种父母权利与子女权利的制约实现儿童利益最大化。当然除了家庭环境之外，学校（幼儿园）是儿童生活的另一个重要环境，也是儿童权利容易被侵犯的场所，因此，把有限父母权利理论修正为"有限成人（父母）"权利理论也许更为贴切。

---

① Samantha Brennan, Robert Noggle, *The Moral Status of Children: Children's Rights, Parents' Rights, and Family Justice*, Social Theory and Practice, 1997, p. 2.

第四章 意蕴与价值：儿童游戏权的内涵与价值

第一节 儿童游戏权的基本要素分析

权利是本书的一个核心概念，也是本书的一个逻辑起点，从权利到游戏权再到游戏权的保护，都必须建立在对权利的清晰理解的基础之上。因此，为保持本书中对于它的理解和使用的一致性和规范性，有必要明晰其内涵。

一 权利的基本要素

法律意义上的权利概念是源于近代西方社会的正义概念，或者说权利概念的逻辑基础就是正义概念，但它又不完全等同于正义，它还有更深层次的内涵。近代西方思想家从权利概念诞生起就开始了对权利本质的揭示，并形成了诸多代表性的观点，如格劳秀斯的"道德资格"说，霍布斯、斯宾诺莎的"自由"说，黑格尔的"意志自由"说①等，但都无法给人一个较为准确和满意的定义。康德在谈及权利定义时曾说："问一位法学家'什么是权利?'就像问一位逻辑学家一个众所周知的问题'什么是真理'那样使他感到为难。"②费因伯格更是断言，给权利下一个"正规的定义"是不可能的，并建议人

---

① 夏勇：《人权概念起源》，中国社会科学出版社 2007 年版，第 36 页。
② 同上书，第 37 页。

们把它当作一个"简单的、不可定义的、不可分析的原初概念"来接受。① 尽管权利的内涵如此复杂，但对于我们研究儿童游戏权来说，了解权利的基本含义还是十分必要的。国内学者在谈及权利定义时也形成了多种观点，学者张文显曾对中西法学的权利定义观点进行了较为系统的划分，概括为资格说、主张说、自由说、利益说、法力说、可能说、规范说、选择说等八种。② 可见权利释义的复杂性，在对权利定义方面，国内学者夏勇提出的观点具有很强的代表性而成为一种分析权利的主流观点。他认为从一个侧面来描述权利的属性都是有失偏颇的，权利的本质是由多方面属性构成的，对于一项权利的成立来讲，这些属性是一些最基本的、必不可少的要素，主要包括五个基本要素，即利益、主张、资格、权能和自由。在学者夏勇看来，对于一项权利的成立来讲，这五个要素是必不可少的。以其中任何一种要素为原点，以其他要素为内容，给权利下一个定义，都不为错，这就要看你强调权利属性的哪一个方面。③ 游戏权作为法律上的实证权利，自然蕴含权利的如上五要素。

二 儿童游戏权的基本要素

（一）利益要素

一项权利之所以成立，是为了保护某种利益。利益可能是物质的，也可能是精神的；可能是个人的，也可能是社会的；可能是权利主体自己的，也可能是与权利主体有关的他人的。但利益只是说明权利本质的一个方面，而不是全部，行使权利可能带来利益，也可能得不到利益。就游戏权而言，游戏对于儿童的身心健康有积极意义，这种利益是一种无形的精神利益，这是众所周知的，但过度游戏可能会有损身心健康，这就是为什么会有"业精于勤荒于嬉"的古训。可见，单纯的利益或利益需求本身不会成为权利。

---

① 夏勇：《人权概念起源》，中国社会科学出版社2007年版，第38页。

② 张文显：《法哲学范畴研究》，中国政法大学出版社2001年版，第300页。

③ 夏勇：《中国民权哲学》，生活·读书·新知三联书店2004年版，第311—313页。

（二）主张要素

意即说某人"享有某种权利"，意味着他可以通过意思表达或其他行为有效地去要求、去坚持，一项利益之所以需要利益主体去主张，是因为他可能受到侵犯或者随时处在侵犯的威胁之中。游戏给儿童带来的利益是无形的，是其成长和精神生发的动力和源泉，也是最容易为成人所侵犯的。成人对于儿童游戏的传统偏见往往最容易成为侵犯儿童游戏权的理由。因此，当儿童游戏权受到侵犯时，需要儿童去主张、去表达。当然，主张也只是权利本质的一个方面，有些特殊的主体享有某种权利，但他不能通过自己的意思表示享有或行使，儿童就是这么一个群体，他的游戏权的主张主要通过他的监护人代为行使。

（三）资格要素

即提出利益主张要有所凭借，具体而言，就是指一个人只有被赋予某种资格，具有权利主体身份，才能向别人提出作为或不作为的主张。具体到游戏权而言，其实就是游戏权主体问题，1989 年的《儿童权利公约》第 31 条规定："缔约国确认儿童有权享有休息和闲暇，从事于儿童年龄相适宜的游戏和娱乐活动，以及自由参加文化生活和艺术活动。"可见，游戏权的主体是全体儿童，所有 0—18 岁的儿童都享有游戏权，鉴于本书的对象为学前儿童，因此，游戏权的主体应为全体 0—6 岁的学前儿童。

（四）权能要素

包括权威和能力，一种利益、主张和资格必须具有相应的权能才能成立。权能首先是从不容许侵犯的权威或强力意义上讲的，其次是从能力意义上讲的。权威有道德和法律之分，道德赋予权威的利益、主张和资格，称为道德权利；由法律来赋予的利益、主张和资格称为法律权利，这两种权威和与之相适应的两种权利可以结合也可以分离。如一项人权在获得法律认可之前为道德权利，仅具道德权威，侵犯它不会导致法律后果。但当它为法律确认后，该项人权就既是道德权利又是法律权利，侵害它会导致法律后果。除了权威的支持外，权利主体还应具备享有和实现其利益、主张或资格的实际能力。就游戏权而言，其权能就是游戏权作为儿童的一种法定权利向现实权利转化过程中对儿童自身条件的一种要求。

（五）自由要素

作为权利本质属性或构成要素的自由，指的是权利主体可以按个人意志去行使或放弃该项权利，不受外来干预或胁迫。如果某人被强迫去主张或放弃某种利益或要求，那么这种主张或放弃本身就不是权利，而是义务。根据英国政治学家赛亚·柏林的"积极自由"和"消极自由"理论①，儿童游戏的积极自由是指儿童有按照自己的意愿去游戏的自由，即儿童可以按照自己的意志玩游戏或者不玩游戏、何时玩、与谁一起玩、玩何种游戏、玩多久等，不受外界因素干预；儿童游戏的消极自由是指儿童有摆脱成人强迫其参与不喜欢的游戏或受成人高控而受约束之游戏的自由，这也就是为什么在儿童眼里有"老师的'游戏'"和"我们自己的'游戏'"的区分，这种区分实际上反映了儿童的一种无声的反抗。

第二节　儿童游戏权的性质

按照现代汉语的解释，性质是指"一事物区别于其他事物的根本属性"②，即事物的本质。游戏权作为一项新型权利，具有区别于其他儿童权利的根本属性，也正是由于这些根本属性使其成为一项独立的权利，对游戏权这些根本属性的探寻将有助于我们认清游戏权本质，进而自觉维护儿童的游戏权。

一　"三代人权论"视野下的游戏权

人权理论与实践发展到今天，人权发展的三段论——"三代人权论"已为世人所普遍接受，它是由联合国教科文组织人权与和平处

---

① 柏林认为，积极自由是指人在主动意义上的自由，即作为主体的人所做的决定和选择均基于自身的主动意志而非任何外部力量。当一个人是自主的或自决的，他就处于"积极"自由的状态之中。这种自由是"去做……的自由"。而消极自由指的是在"被动"意义上的自由，即人在意志上不受他人强制，在行为上不受他人干涉，也就是"免于强制和干涉"的状态。

② 中国社会科学院语言研究所词典编辑室编：《现代汉语词典》，商务印书馆1991年版，第1293页。

长的卡雷尔·瓦萨克于 1977 年提出来的。游戏权是伴随着国际人权法的发展而出现的一项专属于儿童的特殊人权，那么，按照三代人权概念，游戏权到底属于哪一代人权，对这些问题的解答将有助于我们深入了解游戏权本质。

按照三代人权学说，第一代人权主要是公民权利和政治权利；第二代人权主要是经济、社会和文化权利；第三代人权主要是集体人权。三代人权论尽管存在不少分歧，但它却表明了人权概念发展的历史进程，人权的内容不是一成不变的，而是随着人类社会的发展不断丰富和完善的；也表明了三代人权之间不是后者取代前者的等级关系，不存在某种人权优于另一种人权，而是连续体。

（一）第一代人权：公民权利和政治权利

这是 18 世纪欧洲人权运动所主张的人权，并在自由资本主义时期达到了顶峰。目的在于保护公民自由，免遭国家专横行为之害。它的依据是"自由"思想，主题是以个人的自由权对抗公权力的干涉，理论基础是"天赋人权"说。瓦萨克将这一代权利称为"消极权利"。因为它们要求国家的权力受到限制，这些权利和自由的实现通常要求国家的不作为来保障，国家应尽量避免对个人行使这些权利的行为进行干预。① 从第一代人权要求国家消极不干预的逻辑出发，游戏权显然具备第一代人权的典型特征。因为，游戏的典型特征就是"自由"，古今中外部分游戏理论研究者都把"自由"视为游戏的一个基本特征。康德曾把游戏作为艺术之喻，"艺术还有别于手工艺，艺术是自由的，手工艺也可以叫作挣报酬的艺术。人们把艺术看作仿佛是一种游戏，这是本身就愉快的事情，只有通过它的效果，它才有些吸引力，因而它是被强迫的"②。可见，艺术是自由的，游戏也具有自由本性，二者在自由的特性上是相同的；福禄倍尔更是把游戏归结为内部存在的自我活动表现，认为"游戏，即各种自发的表现和练习"③；杜威则旗帜鲜明地指出，"游戏是自由的，是具有可塑性

---

① 徐显明：《国际人权法》，法律出版社 2004 年版，第 6—7 页。
② ［德］康德：《判断力批判》（上册），商务印书馆 1996 年版，第 151 页。
③ ［德］福禄倍尔：《人的教育》，孙祖复译，人民教育出版社 2003 年版，第 84 页。

的"①；埃里克森则把自由作为判断游戏的标准，他认为，"自由在何处止步，游戏便在那里终结"②。游戏的"自由"特性使得游戏权本质上成为儿童的一种自由，这种自由要求国家扮演"消极"守夜人的角色，不干预儿童游戏权的行使。因此，从这个意义上讲，游戏权具有自由权属性。

（二）第二代人权：经济、社会和文化权利

形成于19世纪末20世纪初反抗剥削和压迫的俄国十月社会主义革命时期，又受到西方"福利国家"概念的影响，尤为发展中国家所提倡。这一代权利依据的是"平等"思想，并保证人们真正有可能获得实质性的社会和经济利益、服务和机会。瓦萨克将这一代权利称为"积极权利"，即权利的实现要求国家采取积极的措施和步骤，是对第一代人权的补充。③ 根据第二代人权要求从国家主动积极干预的逻辑出发，游戏权也具备第二代人权的典型特征。因为，游戏是儿童的需要，关乎儿童身心的全面、健康、和谐发展，游戏权不仅要求国家消极不干预儿童游戏权的行使，而且还需要国家通过主动积极的社会措施，给全社会儿童游戏权的实现提供必要的物质条件，使所有儿童都平等地享有游戏的机会，使儿童像儿童一样有尊严地生活。国家对儿童游戏权的主动干预体现在两个方面：一是对经济落后的农村地区，国家应加大投入，让农村地区的孩子有足够宽敞的游戏场地、丰富的游戏材料和玩具、安全的游戏设施和设备，与城里孩子一样能尽情地游戏，享受快乐的童年；二是对于游戏时间的侵占，国家要履行积极义务，采取措施保障儿童的游戏时间。比如，当前幼儿园教育中出现的"小学化"现象日益严重，它无情地剥夺了孩子们游戏的时间，这是对儿童游戏权的严重侵犯。因此，这就需要国家制定科学的教育评价机制，改变学前教育领域"重学轻玩"的价值取向，还儿童游戏时间，2012年教育部颁布的《3—6岁儿童学习与发展指南》就体现了国家在履行积极义务让儿童享受均等的游戏机会。所

---

① ［美］杜威：《民主主义与教育》，王承绪译，人民教育出版社2001年版，第220页。
② 邱学青：《学前儿童游戏》，江苏教育出版社2005年版，第28页。
③ 徐显明：《国际人权法》，法律出版社2004年版，第7页。

以，从这个意义上讲，游戏权具有社会权属性。

（三）第三代人权：集体人权

形成于 20 世纪五六十年代殖民地和被压迫人们的解放运动，自决权、发展权等第三代人权即在此次运动中产生。这一类权利又被称为"社会连带关系权利"，在《公民权利和政治权利国际公约》和《经济、社会和文化权利国际公约》中均在第 1 条规定了民族自决权。这是国家社会上第一次在法律上正式提出和确认了集体人权概念，从而从根本上突破了传统的人权观念。[①] 集体人权的提出引起了学界的广泛争议，集体究竟能否成为人权主体本书不予深究，三代人权理论仅作为本书分析游戏权的一个框架，仅此而已。故从第三代人权理论看，游戏权具有集体人权和发展权特性。因为，首先，从游戏权主体来看，游戏权是专属于儿童这个特殊群体的，某种程度上讲它是儿童的特权。因而它是一项集体人权，也有学者称之为类人权。[②] 其次，从游戏价值看，它能促进儿童身心的全面、和谐、健康发展，儿童游戏的最终结果能使其身心得到发展，因而，游戏权便具有发展权的特性。联合国 1986 年 12 月通过的《发展权利宣言》中明确指出："发展权是一项不可剥夺的人权，由于这种权利，每个人和所有各国人民均有权参与、促进并享受经济、社会和政治的发展。在这种发展中，所有人权和基本自由都能充分实现。""发展机会均等，既是国家的权利，也是国家内个人的权利"，这一观点已得到国际社会的广泛认可。[③] 据此，国家和个人均为发展权的主体，个人的发展能促进国家更好的发展，反过来，国家的发展又能为个人的发展创造优越的条件，促进个人的更好发展。就游戏权而言，一方面，它的充分实现能使儿童身心得到全面、和谐、健康发展，儿童是未来的国民，他们的健康发展、有尊严的生活将带来国家的强盛和有尊严地屹立于世界民

①　徐显明：《国际人权法》，法律出版社 2004 年版，第 7 页。

②　所谓类人权是指，"把一类人作为一个集合的集体所享有的权利，包括妇女、儿童、老人、母亲、罪犯、战俘、难民、无国籍人、残疾人等的权利"。参见李林、朱晓青《十一届三中全会以来人权问题讨论概要》，《当代人权》，中国社会科学出版社 1992 年版，第 399—401 页。

③　许崇德等：《人权思想与人权立法》，中国人民大学出版社 1992 年版，第 272 页。

族之林；另一方面，国家的发展将能促进儿童的游戏权的保护，为儿童创造更多的游戏机会，提供更丰富的、安全的游戏设施设备，从而更好地促进儿童身心全面、和谐、健康发展。

综述所述，游戏权的复杂性决定了我们不能简单地将其归为哪一类具体的人权，它兼具有三代人权的特点。其中，自由权是游戏权的首要内容和核心，这是由游戏的自由特性所决定的；同时，由于各地经济、社会、文化水平的差异，国家必须履行积极义务，为弱势地区的儿童创造条件，保障均等的游戏条件和机会，因而社会权是游戏权的另一特性。因而，游戏权兼具自由权和社会权双重特性，但以自由权为主。换言之，游戏权既是自由权又是社会权，但它首先是自由权。据此，我们可以尝试对游戏权的性质作一界定：游戏权是一种以自由权为主兼有社会权特性的专属于儿童这个特殊群体的人权。

二 学习权：学习型社会中游戏权的应有之义

早在1985年，联合国教育科学文化组织第四次国际成人教育会议上通过了《学习权宣言》，正式提出了"学习权"这个概念，学习权成为学术界研究的一个热门词语。作为一项基本人权，学习权从权利渊源上看，强调的是自我主动赋权；从教育理论上看，强调的是学习对于人本身的意义；从法理上讲，强调的是学习主体在学习时的主动性、自由性，突出学习之于人本身的目的性，而非手段。学习权的这些特性使得它在国际社会获得广泛认可，并获得了现实的法律身份认同。应世界发展潮流之所趋，中国在2010年发布的《国家中长期教育改革和发展规划纲要（2010—2020年）》中将"基本形成学习型社会"作为未来十年中国教育改革和发展规划纲要的三大战略目标之一。这个学习型社会是"人人皆学、处处可学、时时能学"的社会，那么构建这么一个学习型社会目的何在？仅仅是因为当今时代是一个知识经济时代，知识更新速度快，人必须不断学习、终身学习来适应这个时代吗？不完全是，学习型社会的根本理念是以人为本、人是目的。学习是人的需要，是人的生存方式，正所谓"为之，人也；舍之，禽兽也"①。换句话来讲，就是人人需要学习，只有学习才能成为人，因为"人是一个未完成的动物，并且只有通过经常地学习，才能完善他自己"②。可见，构建学习型社会的终极目的是保证公民学习权的充分实现，以促进人的全面发展和社会的可持续发展，而实现的途径则是通过创造各种条件，使每个个体都能积极主动地获取知识。在学习型社会中，儿童与成人都有学习的需求，也都有学习的必要，但是儿童与成人的学习是不同的，儿童的学习主要是通过游戏这种方式来进行，儿童是在游戏中不断积累经验、建构自己的理解和认识。游戏之所以是儿童的主要学习方式，主要与儿童的身心发展特征规律有关。

当前学前教育界对于幼儿学习的理解已经有了基本共识，即幼儿的学习就是幼儿通过自己特有的方式与周围环境互动的过程，是幼儿主动地探索周围环境、自然环境和物质世界的过程。③ 幼儿学习的这种特点是由其年龄特征、认知特征、所持经验特征及其身心发展规律所决定的。长期以来，我们对于学习的理解往往容易片面化、狭隘化，将学习局限于读书、写字、做作业等"学业"学习，这是有失偏颇的。对于学前儿童来说，他们的学习无论是内容还是方式都是广泛的。从内容上看，幼儿日常生活的练习如穿脱衣服、洗手、如厕，与同伴玩耍、做游戏、捉迷藏等，都是幼儿学习的内容；从方式上看，幼儿的学习主要不是通过书本、通过记忆大量抽象的符号来学习，而是通过亲身体验、实际操作，去模仿、感知、探究，是在"做中学"，在"玩中学"，在"生活中学"。因此，我们不能把幼儿的学习与成人的学习混同，而是应该确立一种广泛的学习观，创造各种条件，让幼儿在游戏中学习，在生活中学习，这对于幼儿来说才是最有意义的学习。教育研究也表明，幼儿学习着两种不同性质的知识："一种是成人教给他们的现成的知识，另一种则是在游戏中'自我学

---

① 尹力：《儿童受教育权：性质、内容与路径》，教育科学出版社 2011 年版，第 58 页。

② 联合国教科文组织国际教育发展委员会：《学会生存——教育世界的今天和明天》，教育科学出版社 1996 年版，第 63 页。

③ 李季湄等：《〈3—6 岁儿童学习与发展指南〉解读》，人民教育出版社 2013 年版，第 23 页。

习'的知识。"① 前一种知识对幼儿来说往往很快就会忘记，而后一种知识却能够长久地保持并使用。可见，幼儿的学习与成人不同，幼儿的身心发展特点和规律决定了他们主要是通过游戏在生活中学习，不能仅仅局限于学业学习。

学习型社会是一个以学习求发展的社会，构建学习型社会最根本的目的是保障每个公民学习权的充分实现。作为学前阶段的幼儿来说，他们的学习与成人不同，是通过游戏来学习，通过游戏来谋求幼儿个体的身心协调发展。从这个意义上讲，在学习型社会中，保障儿童学习权实质就是保障儿童的游戏权，构建一个"人人皆学、处处可学、时时能学"的学习型社会，对儿童来讲就是营造一个有充分游戏场地、材料、时间的社会，支持儿童的游戏。这里可以套用国际人权法的表达"每个儿童都有游戏的权利。因为，儿童有也只有通过游戏，才能更像'儿童'、更有尊严地生存"②。

第三节　儿童游戏权的内容

游戏权包括哪些内容？哪些属于核心内容？游戏权的体系如何展开较为合适？对这些问题的回答是研究游戏权永远绕不开的问题。按照事物性质和内容的关系，性质是一事物区别于其他事物的根本属性，是事物的本质，而内容则是"事物内部所含的实质或意义"③。一般而言，事物性质决定事物内容，有什么样的性质就会有什么样的内容。游戏权亦是如此，对游戏权内容的探讨也应从游戏权本身的性质出发。根据前面对游戏权性质的分析，研究者认为游戏权的内容主要包括以下两个方面。

① ［日］大宫勇雄：《提高幼儿教育质量》，李季湄译，华东师范大学出版社2009年版，第116页。

② 原文表述为"人人具有学习的权利。因为，人有也只有通过学习，才能更像人、更有尊严地生存"。

③ 中国社会科学院语言研究所词典编辑室编：《现代汉语词典》，商务印书馆1991年版，第824页。

一 游戏自由权

游戏是一个复杂的社会现象，有着比文明还要漫长的历史。关于什么是游戏、游戏有哪些特征等问题的探讨由来已久，游戏的复杂性和多面性使得人们对这些问题一直是众说纷纭，莫衷一是。但不管分歧多大，有一点认识基本上是一致的，就是游戏是自由的而非强制的。"遵照命令的游戏已不再是游戏，它至多是对游戏的强制性模仿。"① 游戏的这种自由特性也决定了游戏自由权成为儿童游戏权的核心，但任何自由都不是无限制的自由，不能以限制或剥夺他人自由来换取自己的自由。游戏自由权也是如此，虽然"自由权是自主行为的权利"，但"一项自由权赋予权利人自得其乐的资格，却没有赋予他主宰他人行为的资格"②。对游戏自由权来说，我们一方面要保障儿童的游戏自主权，让他们能自主地决定是否进行游戏、进行何种游戏、在何地游戏、与何人游戏、游戏多长时间、如何进行游戏等事项；另一方面，在成人安排的游戏中，要充分尊重儿童的意见，让儿童参与决策。因此，研究者游戏自由权包括游戏自主权和儿童参与权等两方面。

（一）游戏自主权

游戏是儿童的游戏，儿童是游戏的主人，要使儿童成为游戏的主人，必须让儿童自主。自主简单地说就是"自己做主"，即在一定条件下，个人对自己活动具有支配和控制的权利和能力。它有两个尺度：一是相对于客观状况、生活环境等外部强迫和外部控制的独立、自由、自决和自主支配活动的权利与可能；二是相对于客观现实的能够合理利用自己的选择权利，有明确的目标，坚忍不拔和有进取心。③因此，保障儿童的游戏自主权也相应地体现在以下两个方面。

首先，要允许儿童根据自己的兴趣和需要来决定玩什么游戏，而

① ［荷］约翰·胡伊青加：《人：游戏者——对文化中游戏因素的研究》，成穷译，贵州人民出版社1998年版，第8页。

② ［美］米尔恩：《人的权利与人的多样性——人权哲学》，夏勇等译，中国大百科全书出版社1995年版，第119页。

③ 邱学青：《学前儿童游戏》，江苏教育出版社2005年版，第140页。

不是规定儿童玩什么。换言之，就是儿童拥有"想玩就玩，想不玩就不玩""想玩什么就玩什么""想怎么玩就怎么玩""想和谁玩就和谁玩""想玩多久就玩多久""想在哪玩就在哪玩"的选择权利，而不受他人影响。这也就是为什么在幼儿园中教师精心设计好的游戏活动往往变成儿童心目中"老师要我们玩的游戏"，而不是"我们自己玩的游戏"。因此，自主选择游戏的权利是游戏自主权中的核心内容。当然游戏自主也不是无限制的，不是放任自流，这种对自主的限制将在下面的成人介入权中详细阐述。

其次，要使儿童有实际上自由选择的可能。单一的游戏活动材料即使允许儿童任意选择，实际上是无自主选择可能性，等于没有自主。研究表明，幼儿在活动中是否可以选择活动材料以及自选程度的高低，直接影响着幼儿活动的积极性、主动性。在材料不可选的情况下，幼儿的无所事事率最高。随着材料可选程度的提高，幼儿的无所事事率降低，交往频率提高。在材料任选的情况下，无所事事率最低，交往频率最高。[①] 可见，材料的选择自由度与游戏效果息息相关。当然游戏材料也不是越多越好，材料越多也会分散儿童的注意力，进而影响游戏效果，这里不详细展开论述。有一点是必须明确的，即应给儿童提供充足的游戏材料，让他有充分自主选择的可能。

（二）儿童参与权

"参与"一词按照《现代汉语词典》的解释，为"参加事务的计划、讨论、处理"[②]，儿童参与权即儿童享有参与社会生活的权利。[③]儿童是一个身心尚未完全成熟的个体，他们对涉及自身利益的事务往往很难做出有效的决定。但我们不能以此为借口剥夺儿童自决的权利，正如学者所言，"儿童是有自主意识的个体，虽然其身心的稚嫩令他们不可避免地显示出依赖性与被动性，但这并不能埋没他们对参

---

① 刘焱：《儿童游戏通论》，北京师范大学出版社 2004 年版，第 176 页。

② 中国社会科学院语言研究所词典编辑室编：《现代汉语词典》，商务印书馆 1991 年版，第 102 页。

③ 王雪梅：《儿童权利论——一个初步的比较研究》，社会科学文献出版社 2005 年版，第 159 页。

与生活、表达个人见解的个人渴求"①。对儿童参与权的承认其实就是对儿童作为积极权利主体的承认，它强调了儿童作为有独立价值和尊严的个体在涉及自身事务的事项中有表达自己感受、发表自己见解、表明自己态度的自由。确保儿童的参与权不仅是对儿童人格的尊重，更为重要的是对儿童民主意识的培养以及促进儿童道德和法律地位的提升等都有积极意义。因此，在涉及儿童自身利益的事项决策中，成人都应认真听取儿童发表的意见。不可否认的是，儿童的自决能力是随着年龄的增长、理性能力的完善而逐步提高的，儿童的参与程度也是随之逐步提高的，我们不可能让所有儿童不分年龄地享有完全自治的权利。但在儿童有能力自决又不会损害其自身利益的事项上，我们有什么理由剥夺儿童的自决权利呢？

　　如何衡量儿童的参与程度，《促进儿童权利——儿童权利公约培训手册》中提出的"儿童参与权阶梯"对我们判断儿童参与权有一定的启发意义。该手册将儿童参与权划分为八个依次递进的阶梯：①儿童被操纵。有关儿童的事情，完全由成人来安排，儿童并不理解他们所做的、所说的事情的意义。②儿童成为装饰品。儿童可能有机会参与活动，但他们不明白这些事项的意义，也不知道自己是否有权参与，如何参与以及在参与过程中如何表达自己的意见。③儿童象征性参与。儿童可能会被问到他们有什么想法，但是没有人重视或参考他们的意见。④成人决定，但事先通知。成人决定一些有关的事项或计划后，让儿童了解为什么要做这些事情，儿童可以决定是否参与。⑤事先征询儿童意见。成人设计了有关儿童的事项，但让儿童明白事项的意义，能征求儿童的意见，并能严肃对待儿童的意见。⑥儿童参与决定。成人提出有关事项，让儿童在策划和实施中参与，并与儿童一起做出决定。⑦儿童决定。儿童提出有关事项，并由儿童自己做出决定，成人并不参与。⑧儿童策划并邀请成人一起决定。儿童自己提出有关事项，并以主体身份来邀请成人一起讨论或做出决定。②

　　①　Birgitta Rubenson, *The Rights of the Child in Swedish Development Cooperation*, Swedish International Development Coooeration Agenecy, 2002.

　　②　管华：《儿童权利研究——义务教育阶段儿童的权利与保障》，法律出版社2011年版，第100—101页。

从该儿童参与权递进阶梯看，前三个阶梯，基本上没有体现儿童的参与性，从第四个阶梯开始，儿童才真正开始参与，并在程度上逐渐提高。游戏是儿童能够自决而且也应该参与自决的事务，因此，要保障儿童的游戏自由权，必须充分重视儿童的参与权。如果说在儿童的自由游戏活动时间里，儿童的参与程度最高的话，那么在成人设计和组织的游戏活动中，更应注意儿童的参与权，在考虑儿童年龄及成熟度的基础上应尽量提高其参与程度。如在游戏主题的确定这个问题上，在小班，可由教师提出玩什么，然后告诉他们怎么玩，要注意哪些事项，但教师应给予孩子是否参与这个游戏的选择权；到了中班，仍然可由教师提出，但在主题提出前应充分征求并能重视孩子的意见，同时也应该让孩子明白为什么选择这个主题，在游戏中应该遵守哪些规则，同样也应给予孩子是否参与这个游戏的选择权；而到了大班，最好由孩子们提出主题，并由孩子们自己决定如何玩，如何分配角色，成人不参与，除非孩子们邀请你一起参与讨论决定，但这个过程你只是参与者，提出意见而已，最终还是由孩子们自己做出决定。

诚然，游戏是一种自愿自由的活动，儿童应成为游戏的主人，应确保儿童的游戏自主权。但我们也应该看到，儿童还是一个非理性群体，他们的身心尚未成熟，在游戏过程中可能会出现无法进入游戏、有危及自身及他人认识安全的行为、破坏游戏规则致游戏无法进行下去以及无法有效进行游戏等情景时，就需要成人介入，但成人的介入只是为了更充分地实现儿童的游戏自主。因此，在游戏自主权与成人介入权这一对矛盾关系中，成人一定要谨慎处理，做一个细心的观察者，既知道何时应该介入儿童游戏，也知道何时适时退出，最大限度地保障儿童游戏自由权。

二　游戏社会权

在现实生活中，由于各地政治、经济、文化的不平衡，儿童所处的社区、幼儿园及家庭的游戏条件存在较大差异，仅有游戏自由权不足以实现真正意义上的游戏权利平等。因此，需要国家社会的积极作为，为儿童创造良好的游戏条件，保障儿童游戏权的充分实现。社会权的独特本质是促成和提供，"权利指向的国家行为的核心是促成和提供。社会权是更高层次要求的权利，除了被尊重和保护的性质，更为根本的是具有促成和提供的特性"。① 据此，游戏社会权主要包括现有游戏设施使用的请求权、必要游戏设施的创设请求权以及游戏设施的安全保障权等三方面内容。

（一）现有游戏设施使用的请求权

现有游戏设施使用请求权是指对于幼儿园、社区及家庭现有的游戏设施，儿童有平等使用的权利。从理论上看，儿童现有游戏设施请求权可分为两种不同的权利：一是要求均等的游戏机会；二是要求平等地利用现有游戏条件。

就第一项权利而言，为儿童提供均等的游戏机会意指平均、平等的游戏机会，换言之儿童在游戏面前人人平等，它要求成人为儿童提供平等的适宜的参加游戏的机会。它包含两层含义：平等的游戏机会和适宜的游戏机会。一方面它要求成人在组织儿童游戏活动时应确保所有儿童都能参与进来，不歧视每一个儿童，不剥夺儿童的游戏机会，这种情况是显性的；另一方面，也要求成人提供适宜的游戏机会，每个儿童都能玩到自己想玩的游戏，这种情况相对比较隐蔽。如成人未能提供多样化的游戏活动导致儿童无法选择适合自己能力和兴趣的游戏，或者同一个游戏活动中没有给儿童同等的选择机会导致后选择的儿童可能选不到自己想玩的游戏，这些都是游戏机会提供不适宜的表现。因此，只有给儿童一个平等的、适宜的游戏机会，才能确保每一个儿童都能在同一时间、同一范围内选择自己所喜爱的游戏，才能促进每一个儿童更好的发展。从这个意义上讲，儿童有权要求成人提供均等的游戏机会。

就第二项权利而言，儿童要求平等地利用现有游戏条件是指儿童对于现有的各种游戏场地、游戏设施、游戏材料和玩具，享有平等利用权。该项权利源于中国《教育法》第 42 条第 1 款之规定，受教育者享有"参加教育教学计划安排的各种活动，使用教育教学设施、设备、图书资料"的权利，同时在 2005 年的《学生管理规定》中第 5 条第 1 款也有类似规定，"学生在校期间依法享有参加学校教学计划

① 龚向和：《社会权的概念》，《河北法学》2007 年第 19 期。

安排的各种活动，使用学校提供的教育教学资源"①。可见，学生对学校里的各种教育教学设施都有平等使用权，同理，幼儿园是以游戏为基本活动，儿童在幼儿园里对一切教育教学设施同样拥有平等使用权，因此，幼儿园里的游戏场地、游戏设施、游戏材料和玩具，每个儿童都有权使用。对于校外的游戏设施儿童同样享有优先使用权，这在《教育法》第50条中有明确规定，"图书馆、博物馆、科技馆、文化馆、美术馆、体育馆（场）等社会公共文化体育设施，以及历史文化古迹和革命纪念馆（地），应当对教师、学生实行优待，为教育者接受教育提供便利"。

值得注意的是，对于园内外这些游戏设施的使用是有偿的还是无偿的呢？研究者认为原则上应该是无偿的，因为从学前教育性质来看，虽然学前教育属于非义务教育阶段，但是学前教育作为国民教育的奠基阶段，具有强烈的基础性和公益性，这种性质决定了幼儿园里的教育教学设施儿童有无偿使用权，不因儿童是否入园、是否缴费而定。但对于园外的游戏场地、游戏设施、游戏材料和玩具，则有所不同。这在《未成年人保护法》第30条中有具体规定："爱国主义教育基地、图书馆、青少年宫、儿童活动中心应当对未成年人免费开放，博物馆、纪念馆、科技馆、展览馆、文化馆、美术馆以及影剧院、体育场馆、动物园、公园等场所应当按照有关规定对未成年人免费或优惠开放。"但不管是无偿还是有偿使用，这些游戏设施应当对所有儿童平等开放。

（二）必要游戏设施的创设请求权

现有游戏设施使用请求权是在相应的游戏设施已存在的前提下，儿童有平等使用的权利。必要游戏设施的创设请求权则是在现有的相应游戏设施不具备或不完全具备的情况下，有要求国家提供符合国家标准或当地标准的游戏设施的权利。必要游戏设施的创设主要靠国家履行积极的义务，增加投入、建立标准，明确相应责任。

首先，学前教育是一项公益事业，需要政府加大财政投入，改善

---

① 倪洪涛：《大学生学习权及其救济研究——以大学和学生的关系为中心》，法律出版社2010年版，第95页。

幼儿园的教育教学设施。然而长期以来，由于各级政府过分强调学前教育的非义务性，使得各级政府在履行发展学前教育责任的过程中，出现了一定程度的卸责现象，导致学前教育发展经费严重不足。另外，在全国教育经费的总量之中，学前教育经费所占的比例过小，仅占 1.2%—1.3%，且十年徘徊不前，难以从根本上支撑学前教育事业的发展。① 因此，作为幼儿园教育教学设施中重要组成部分的游戏设施的创设很大程度上依赖于国家，需要国家在财政能力许可下不断增加经费投入，改善儿童的游戏设施，而当游戏设施不足或缺失的情况下，儿童可以向国家提出游戏设施建设请求权。

其次，国家也有义务对儿童游戏设施设立一定标准，保障儿童开展正常游戏活动所需的各种设施、设备。对此，中国《教育法》和幼儿教育的相关法规都有相应规定。其中《教育法》（1995）中第26条规定："设立学校及其他教育机构必须具备以下条件……有符合规定标准的教学场所及设施、设备等……"这是国家履行创设儿童基本游戏设施的法条渊源，与此相应，在《幼儿园管理条例》（1989）中第2条也规定了开办幼儿园应该具备哪些条件，"举办幼儿园必须具有与保育、教育相适应的园舍与设施，幼儿园的园舍和设施必须符合国家卫生标准和安全标准"。此法条精神在《幼儿园工作规程》中得到了详细体现，《幼儿园工作规程》中的第30、31、32、33条更为细致地规定了幼儿园应该具备的园舍、设备等。另外，《托儿所、幼儿园建筑设计规范》（1987）也对托儿所、幼儿园的建筑设计作了一个总体要求，其中就包括儿童游戏设施、场地等建设的标准和规范；而《幼儿园玩教具配备目录》（1986）里则更为详尽地对全国的幼儿园的玩教具配备提供了一个具体的标准，这个标准里考虑了中国各地经济发展水平的差异，而提供了三类标准，供各地幼儿园灵活选配。可见，国家对于儿童游戏设施的配备有了一个比较清晰的标准，这是国家履行积极义务的体现。

但有标准就要严格执行，当幼儿园的游戏设施未达到上述标准

---

① 庞丽娟等：《香港学前教育财政投入政策：特点及启示》，《教育发展研究》2010年第11期。

时，儿童可以行使必要游戏设施的创设请求权，请求国家履行积极义务，而且国家也应该积极主动地履行该义务。比如，在广大农村地区，普遍存在游戏场地不足、游戏设施简陋等状况，国家应该加大财政支持力度或采取其他措施，保障儿童游戏权；另外，随着城镇化进程加快及农村人口大量向城市迁移，广大城市也存在儿童游戏场地和游戏设施数量越来越少的现状，这也需要国家在进行城市规划和建设过程中将儿童公共游戏场地和设施考虑进去，因为"一个城市环境的优劣可以通过游戏场地的数量来直接测量"①。而且，这也符合联合国儿童基金会所提出的建设"儿童友好城市"② 的理念。

（三）游戏设施的安全保障权

社会权除了促成和提供之外，还有保护特性。因此，对于游戏设施的安全保障，也是国家的一项积极义务，儿童有权要求国家提供符合安全和卫生标准的游戏设施。这一点在诸多法律法规中都有相应规定。

首先，关于校内游戏设施安全保障方面，《教育法》第 44 条规定，"教育、体育、卫生行政部门和学校及其他教育机构应当完善体育、卫生保健设施，保护学生的身心健康"。为中小学、幼儿园等教育机构的游戏设施安全保障作了一个总体要求，具体到幼儿园方面就更为细致了。如《幼儿园管理条例》第 2 条规定，"幼儿园的园舍和设施必须符合国家的卫生标准和安全标准"。第 19 条规定，"幼儿园应当建立安全防护制度，严禁在幼儿园内设置威胁幼儿安全的危险建筑物和设施，严禁使用有毒、有害物质制作教具、玩具"。除了对幼儿园的游戏设施作了相应的禁止性规定之外，该法第 27 条、第 28 条还规定了教育行政部门的监督管理职能以及违法行为的法律责任。其中第 27 条第 2 款规定，对于有"园舍、设施不符合国家卫生标准、安全标准，妨害幼儿身体健康或威胁幼儿生命安全"情形的，给予限期整顿、停止招生、停止办园的行政处罚。第 28 条第 2 款规定，对

---

① Colin Ward, *The Child in the City*, London. Architectural Press, 1977, p. 33.

② 联合国儿童基金会在 1992 年首次提出儿童友好城市概念，主张城市应该成为保护儿童权益的重要场所，应该为儿童提供更好的发展空间。

于有"用有毒、有害物质制作教具、玩具"情形的，由教育行政部门对直接责任人员给予警告、罚款的行政处罚，或由教育行政部门建议有关部门对责任人员给予行政处分，对于情节严重、构成犯罪的将由司法机关追究刑事责任。在之后颁布的《幼儿园工作规程》第16条中也有相应规定，"幼儿园应建立房屋、设备、消防、交通等安全防护和检查制度，建立食品、药物等管理制度和幼儿接送制度，防止发生各种意外事故。应加强对幼儿的安全教育"。可见，在园内的游戏设施安全保障是全方面的。

其次，在园外的游戏设施安全保障方面也有相应规定。如《未成年人保护法》中第22、29、35、65条等法条对国家作为义务主体如何确保提供安全的游戏设施，以及游戏设施的安全标准和加强对游戏设施的监管等方面作了详细规定，凸显了国家在游戏设施安全保障中的重要作用。《特种设备安全监察条例》中第12、34、46、56条等法条，对儿童游乐设施的生产、使用、检验检测、安全检查等方面也作了详细规定。另在玩具标准方面，目前中国已经制定和发布实施各类玩具标准共计31项，其中国家标准11项，涉及安全性的标准7项；行业标准20项，涉及安全性的标准1项，这些标准的建立与健全已经构成了一套完整的玩具基础安全标准的体系。① 尤其是2004年实施的GB 6675—2003《国家玩具安全技术规范》，对提升中国玩具标准体系的总体水平以及与国际接轨起到了积极的推动作用。

最后，为预防网络游戏对儿童心理造成伤害，国家新闻出版总署组织有关部门、行业组织、专家、教育工作者和家长共同研究，制定了"网络游戏防沉迷系统开发标准"，该系统针对未成年人沉迷网络游戏的诱因，利用技术手段对于未成年人线上游戏时间予以限制。另为配合"网络游戏防沉迷系统"，国家新闻出版总署又于2006年制定了配套的"网络游戏防沉迷系统实名认证方案"，该方案于2011年启动。② 通过实名认证确认未成年人身份，为家长查询和监督子女玩网

---

① 张艳芬：《中国玩具产品标准总体情况与强制性认证规则修订情况》，《玩具世界》2011年第1期。

② 中华人民共和国新闻出版总署［EB/OL］. http：//www. gapp. gov. cn/govpublic/86/311. shtml。

络游戏提供便利。这些措施对净化网络环境，保护未成年人身心健康，解决未成年人沉迷网络游戏问题有积极意义。由此可见，国家是儿童游戏设施安全保障的主要义务人，有责任为儿童提供安全的游戏设施。

第四节　儿童游戏权的特征

游戏权属于儿童权利的一个部分，它与儿童权利是普通与特殊的关系，因此，游戏权具有儿童权利的一般属性，也具有自身的特殊性。游戏权的特征主要体现在以下几个方面。

一　权利义务主体的普遍性

儿童权利是专属于儿童的特殊人权，作为儿童权利下位概念的游戏权毫无疑问也具备人权的一些属性。人权的一个基本属性就是普遍性，儿童权利是带有普遍性的权利，它也成为游戏权的一个典型特征。游戏权的普遍性主要表现为两个方面：一是游戏权的权利主体是普遍的，即每个儿童都应该享有游戏权，正如《儿童权利公约》中第 2 条中所规定的："本公约缔约国应尊重本公约所列举的权利，并确保其管辖范围内的每一儿童均享受此种权利，不因儿童或其父母或其法定监护人的种族、肤色、性别、语言、宗教、政治或其他见解、民族、族裔或社会出身、财产、伤残、出生或其他身份而有任何差别。"[1]；二是游戏权的义务主体也是普遍的，任何国家都应该承担尊重和保障儿童这项权利的主要责任，《维也纳宣言和行动纲领》明确指出："各国按照《联合国宪章》有责任促进和鼓励尊重所有人的人权和基本自由。"[2] 因此，游戏权理所当然亦应是普遍的权利，不能因儿童的出生、家庭背景、社会地位等不同而有所差异，它也是世界各国政府负有义务促进对游戏权的普遍尊重和保障的。因而，游戏权

---

① 国际人权法教程项目组：《国际人权法教程第二卷（文件集）》，中国政法大学出版社 2002 年版，第 75 页。

② 李步云等：《人权法的若干理论问题》，湖南人民出版社 2007 年版，第 38 页。

是儿童带有普遍性的权利。

二 权利实现的依赖性

儿童游戏权的实现很大程度上依赖于我们成人，因为"儿童的权利需要成年的代理人予以伸张，儿童的需求满足的结果也是由成人的专家予以核查和修正"，[①] 儿童权利的实现依赖于成人有以下几方面原因：第一，儿童是一个身心尚未成熟的个体，其健康成长需要成人的保护和照顾，这种生理、心理上对成人的依赖性导致儿童很难取得与成人平权的地位，成人主宰着儿童的一切，包括儿童权益。第二，儿童的心智发展还不成熟，知识经验的不足导致他们缺乏一定的权利认知能力，往往不能意识到自己是权利的主体，享有哪些权利。因此在权利实现上需要成人必要的教育、指导和帮助。第三，儿童实现权利的手段依赖于成人。儿童虽是权利主体，但由于心智发展的不成熟，导致不具备或不完全具备法律上的行为能力，因而儿童往往不能采取有效的措施来行使他们的权利，需要依靠成人的帮助。不仅如此，"从儿童权利发展历史来看，儿童对权利的享有具有非主宰性，儿童权利的内容、范围及实际享有的程度依赖于整个成人世界的认知和觉悟水平"[②]。游戏权的实现也不例外，它一方面需要成人有正确的游戏观，给儿童充分的游戏机会；另一方面也需要成人积极创造条件，满足儿童的游戏需要。更为重要的是，当儿童游戏权遭到侵害时，需要成人替儿童行使权利，提出其诉求。

三 权利的易受侵害性

这是社会弱势群体所共有的一个特点，儿童由于身体上的柔弱性及心理上的不成熟性，导致了其基本权利更易受到各种不法侵害。儿童权利易受侵害，一方面与儿童的心智发展不成熟以及自我保护能力的缺乏或不足有关，儿童在权利遭受侵害时要么没有意识到，要么意识到了但无力阻止，因而成为最易受侵害的群体；另一方面也与成人

---

① 皮艺军：《儿童权利的文化解释》，《山东社会科学》2005年第8期。
② 王勇民：《儿童权利保护的国际法研究》，法律出版社2010年版，第21页。

社会偏见和自私有关。正如学者所指出的，"儿童在社会中的边缘地位决定了其主张和要求很难形成一种强势话语并为主流所接纳，对社会利益和资源的重新分配又不可避免地影响到成人利益，在现实中由于成人的偏见和自私，儿童权利易遭受到来自家庭、学校和社会的侵害，而其自身又缺乏相应的权利保障手段，不具备积极维护、救济自己权利的力量、条件，更多地依赖于公力救济的途径，然而公力救济资源具有稀缺性，需要一定的成本，并有严格的程序要求，这又是儿童难以具备的条件"①。儿童权利非常脆弱，易受侵害。相比其他儿童权利而言，游戏权则是受侵害的重灾区。因为，一方面儿童游戏权的侵害往往比较隐蔽，成人往往会以各种"伪游戏"的形式让儿童学习知识，这种变味的游戏已经不是游戏，因而给剥夺儿童游戏权披上合法、合理的外衣；另一方面，成人世界的功利性则明目张胆地侵犯了儿童的游戏权，他们打着"不让孩子输在起跑线上"的功利口号，将游戏看作与学习对立的事物，千方百计地压缩儿童游戏时间，侵害儿童游戏权。

四 权利内容的综合性

游戏权不是单一的权利，而是一种具有复合性质的权利。确切地说它是一个权利群或权利族的指称——以游戏自由权为核心内容的权利群或权利族的概括称谓。在这个权利群或权利族中，游戏权是"母权利"，下面依次派生出游戏自由权、游戏社会权、个性发展权等"子权利"，依次类推，"子权利"又可派生出更多的"孙权利"，如游戏自由权下面就派生出自主游戏权、儿童参与权以及教师指导权等"孙权利"；游戏社会权下面也派生出现有游戏设施使用的请求权、必要游戏设施创设的请求权以及游戏设施的安全保障权等"孙权利"。可见，游戏权就是由各种游戏"子权利"和"孙权利"构成的一个权利族群，它们之间相互依赖、相辅相成，从而共同形成游戏权家族发达的权利体系。

---

① 王勇民：《儿童权利保护的国际法研究》，法律出版社 2010 年版，第 21—22 页。

第五节 儿童游戏权的价值取向

价值，是与"事实"相对应而存在的哲学范畴。按照马克思的理解，价值"是从人们对待满足他们需要的外界物的关系中产生的"①，是一个关系范畴，反映的是主体与客体间的一种需要和满足的关系。由于不同主体需要的不同，对同一事物价值的认识与理解也会有所不同，这也进而决定了对价值的追求与选择及受其支配下的行为方式也会不同。这种对事物不同价值的定向与选择可称为价值取向。价值取向的最大作用就是帮助人们进行选择，可以这么说，有什么样的价值取向就会有什么样的价值活动，价值取向正确与否，直接决定着人们的思想、行动的成败。只有正确的价值取向，才能使人们对事物发展趋势的预见和对价值成果的积极追求有机地统一起来，才能使活动朝着既符合事物发展趋向，又符合主体需要的方向发展，既是合理的，又是最有利的、价值最大化的。②人们对儿童游戏价值的认识和理解正确与否，决定着人们对于儿童游戏权的保护态度，因此，确立正确合理的儿童游戏权价值取向就显得十分重要。根据儿童游戏的特性及价值，笔者认为儿童游戏权价值取向应定位在以下几个方面。

一 公正

何谓公正？中西方对它的理解略有不同。在中国的先哲那里，公正不是他们思想的核心概念，但能从一些只言片语中读出他们的公正观。孔子的公正观包括"仁义""爱人""己所不欲，勿施于人"；在孟子那里，公正即"民心所向"；而对荀子而言，公正就是"明分止纷"③。而在西方，公正则处于政治哲学和道德哲学的中心位置。柏

---

① 中共中央马克思恩格斯列宁斯大林著作编译局：《马克思恩格斯全集》（第十九卷），人民出版社 1963 年版，第 406 页。

② 袁贵仁：《价值学引论》，北京师范大学出版社 1991 年版，第 353—354 页。

③ 吕世伦等：《法哲学论》，中国人民大学出版社 1998 年版，第 466—469 页。

拉图将公正定义为"只做自己的事而不兼做别人的事"①；亚里士多德则认为，公正包含两个因素：事物和应该接受事物的人；大家认为相等的人就应配给到相等的事物②；西塞罗则将公正界定为"使每个人获得其应得东西的人类精神意向"③，这一定义成为后来西方哲学的主流，无论是康德对意志自由的论述，罗尔斯的正义理论，还是诺齐克的"正义即权利"观点及麦金泰尔的"公正即美德"理论，都没有偏离西塞罗的正义观，即公正就是各得其所或得其应所得。

这一公正观表现在儿童游戏上，便是每个儿童平等地享有游戏资源，托儿所幼儿园应为儿童提供平等的游戏条件，在确保游戏条件平等的前提下，提供均等的游戏机会，使每个儿童都能积极主动地参与到自己爱玩的游戏中去，通过游戏促进每个儿童最大最优发展。学者冯建军曾在《制度化教育中的公正：难为与能为》④ 一文中将公正的教育分为教育的公正与公正的教育，借鉴这个思路，研究者认为游戏公正也可以从游戏外部和游戏内部两个方面来探讨，进而分为游戏的公正和公正的游戏。游戏的公正主要是指游戏机会平等，是一种外部公正，涉及游戏机会和游戏资源的合理分配问题。而公正的游戏则是一种内部公正，它涉及游戏活动本身对儿童发展的适宜性问题。前者为后者提供条件，而后者为前者提供保障，后者的实现才真正体现了游戏公正。要实现游戏的外部公正，有赖于两个条件的满足，一是现有的游戏资源应平等地对所有儿童开放，二是对于游戏资源不足的地区儿童给予必要的补偿。只有这两个条件的满足才能真正达到"面向全体""促进全面协调发展"的目的。而对于游戏公正来说最重要也是最容易被忽视的还在于游戏内部的公正，这是一种过程的公正，每个儿童的个性不同，兴趣爱好不同。公正的游戏追求的是，通过提供儿童适宜性的游戏活动，使每一个儿童都能获得最大、最优的发展这

---

① ［古希腊］柏拉图：《理想国》，郭斌和、张竹明译，商务印书馆1986年版，第58页。

② ［古希腊］亚里士多德：《政治学》，吴寿彭译，商务印书馆1965年版，第148页。

③ ［美］博登海默：《法理学——法哲学及其方法》，邓正来、姬敬武译，华夏出版社1987年版，第352页。

④ 冯建军：《制度化教育中的公正：难为与能为》，《教育科学研究》2007年第2期。

一目的，它指向的是个体发展的公正，因此也真正体现了游戏公正的本质。

二　自由

自由是人的本质，追求自由是人的天性。对于自由的理解，不同的人有不同的观点，有人曾统计过"自由"一词至少有两百种以上的意义，可见自由的复杂性和多面性。从教育学的角度看，自由一般指个体身心处于一种无拘束的状态，就像霍布斯所言："'自由'一词就其本义来说，指的是没有障碍的状况。我所说的障碍，指的是活动的外部障碍。……当活动的障碍存在于事物本身的构成之中时，我们往往不能说它缺乏活动的自由，而只能说它缺乏活动的力量，像静止的石头和卧床的病人便都是那样。"因此，任何人为或非人为的外在干涉和限制都是对自由的约束。儿童是正在成长和发展中的个体，他们身心的全面、健康、和谐发展有赖于充分自由的获得和实现。对于儿童来说，给他们自由就是要顺应他们的天性，满足他们的内在需要。因为他们的自由就像"水依照自己的特性流动，狗依照自己的意愿奔跑，孩子们按自己所好到处玩耍"①。

游戏是儿童最喜爱的活动，除了游戏本身能给儿童带来快乐之外，还在于儿童在游戏中体验到了自由。自由是游戏的本质特征之一，这已为国内外众多游戏研究者所肯定。加维于 1982 年曾提出过游戏的五大特征，其中第三个特征就是"游戏是自发自愿的"，换言之，游戏是非强制性的，由游戏者自由选择；鲁宾等人在 1983 年也提出了儿童游戏的六大特征，其中第一个特征就是"内部动机"，并且他还认为导致游戏发生的背景有五个特征，其中第二个特征就是"儿童能自由选择"；法国学者克罗伊斯也指出了游戏活动的六个特点，其中第一个特点就是"自由"，即游戏不是被迫进行的，否则游戏就失去了吸引力和快乐性质。② 而埃里克森更是一语中的，道出了

---

① ［日］小原国芳：《小原国芳教育论著选》，刘剑乔等译，人民教育出版社 1993 年版，第 373 页。

② 丁海东：《学前游戏论》，山东人民出版社 2001 年版，第 26 页。

游戏的本质特征，他指出，"自由在何处止步或被限定，游戏便在那里终结"①。胡伊青加也曾旗帜鲜明地指出，"游戏最主要的特征，即游戏是自愿的，是事实上的自由"②；而国际儿童游戏权协会在1979年发布的《儿童游戏权宣言》中对"游戏是什么"作了界定，将其概括为五条特性，其中第三条就是"游戏是源于内在动机、自发且自愿"③。国内研究游戏的学者如刘焱、邱学青、丁海东等人在各自的著作中都提到了游戏自由这一基本特征，可见自由对于游戏的重要性。而儿童游戏权就是以游戏自由权为主的包含游戏社会权和个体发展权在内的权利体系，它本身就暗含了这种价值取向，游戏自由权是以自由为核心的，强调游戏不受国家干预，无论是游戏自主权还是儿童参与权和成人介入权，都是以儿童能自由游戏为前提；游戏社会权虽然是强调国家积极作为，为儿童游戏创造好的条件，但最终指向还是儿童的自由游戏；个体发展权指向的是儿童身心全面、健康、和谐发展，这种发展必须建立在儿童身心自由的基础之上，"教育的第一原理是自由"④，任何对儿童实施的强制都是无效的甚至是起反作用的。因此，"教育能够是而且必须是一种解放"⑤，作为有学前教育领域"基本活动"之称的游戏也必定是自由的、解放儿童个性的，只有这样才能真正实现儿童的健康成长与发展。

三　安全

　　游戏对儿童身心发展非常重要，但只有安全的环境才能让儿童产生游戏欲望，也只有在安全的环境下才能使儿童在游戏中真正受益。安全对儿童游戏的价值主要体现三个方面：首先，安全是儿童开展游

---

　　① 邱学青：《学前儿童游戏》，江苏教育出版社2001年版，第78页。

　　② ［荷］约翰·胡伊青加：《人：游戏者——对文化中游戏因素的研究》，成穷译，贵州人民出版社1998年版，第10页。

　　③ 国际儿童游戏权协会［EB/OL］. http：//ipaworld. org/category/about - us/declaration/。

　　④ ［日］小原国芳：《小原国芳教育论著选》，刘剑乔等译，人民教育出版社1993年版，第364页。

　　⑤ 联合国教科文组织：《学会生存——教育世界的今天和明天》，教育科学出版社1996年版，第176页。

戏的前提条件。儿童之所以要去游戏，除了与自然进化和社会发展有关之外，还与儿童的身心发展需要有关，可以说推动儿童进行游戏的内部动因是儿童需要，而游戏则是满足这种内在需要的活动。国内研究游戏的著名学者刘焱结合西方心理学家马斯洛的需要层级理论及近年来动机心理学关于认知内驱力的研究成果，将儿童的需要划分为三层次九种需要（详见下图4-1）。其中，驱使儿童游戏的需要有身体活动的需要、认知的需要及社会交往和自我实现的需要，而基本的生存需要和安全需要的满足是儿童游戏的前提。[①] 而基本生存需要则又是安全需要满足的前提，换言之，儿童只有在吃、喝、拉、撒、睡等基本生存需要满足了之后，才会产生安全需要。儿童是在基本生存需要满足后体验到安全的，在安全需要满足后才产生了对外部世界的最初信任，机体才会去进行相应的游戏活动。详见下图：

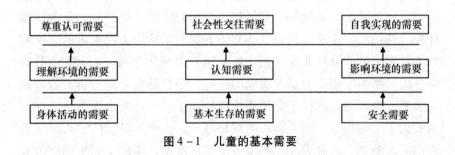

图4-1　儿童的基本需要

　　其次，安全也是儿童游戏顺利开展的必要条件。儿童的游戏与人的其他行为一样，是个体与环境相互作用的结果，环境是影响儿童游戏质量的重要外在因素，高质量的游戏需要高质量的环境支撑。所谓高质量的环境指安全温馨、氛围宽松、自由自在、充满趣味且适合幼儿，并能引发幼儿持续探索和发展的环境。[②] 安全是高质量游戏环境的一个重要指标，安全的游戏环境包括物理环境和心理环境两方面。儿童在一个安全的物理环境中，会产生强烈的安全感、稳定感和归属

---

① 刘焱：《儿童游戏通论》，北京师范大学出版社2004年版，第161页。

② 朱翠平：《幼儿园组织和开展高质量游戏的条件》，《学前教育研究》2011年第8期。

感，它满足了儿童受保护的欲望，进而使其更加积极主动大胆地投入到游戏活动中去，体验游戏的乐趣，满足自己的需要。如果说物理环境对儿童游戏行为的影响比较显性的话，那么心理环境对儿童游戏行为的影响就更隐蔽了。一个安全的心理环境是尊重、平等、接纳、肯定、愉悦、友爱、和谐的环境，它能激发儿童的积极情感，使其在幼儿园里轻松愉快地游戏和生活。

最后，安全的游戏对儿童的主体性的发展和创造性的培养具有重要意义。对人的重视以及高度弘扬人的主体性已成为当前教育改革和发展的一个趋势，教育的目的是为了人的成长，使人成为"人"，成为"完整的人""主体性的人"以及"有个性的人"[1]。活动是主体性生成的源泉，而安全的游戏是发展儿童主体性的重要途径。在安全的游戏中，教师、家长放下担心，儿童放下害怕，在一种自由、安全、轻松的氛围下，儿童拥有高度的自主权，爱玩什么就玩什么，想怎么玩就怎么玩，能够感受到轻松、自由和快乐，也易以积极的情绪体验，在游戏中主动建构自己的知识和经验，培养主动学习的态度和能力；安全的游戏对儿童的创造性的培养也非常有利。儿童天生具有创造力，然而，创造力是种脆弱的技能，很容易在早期夭折。大量研究表明，爱玩会玩的孩子是创造性高的孩子，但是安全隐患使许多儿童丧失了玩的机会，而安全的游戏环境下，工作人员、陪护人员等各界的关心爱护、宽容大度、积极态度可以激发儿童敢于创造的勇气和乐于创造的热情，促使儿童充分发挥自己的想象力，主动地探究周围世界。[2]

四　全面发展

人的全面发展问题一直是中外思想家们热衷探讨的话题，从孔子提出的培养仁、智、勇的士君思想到古希腊雅典时期的"身心和谐发展"教育再到柏拉图和亚里士多德提出的体、智、德三重教育思想，

---

① 冯建军：《当代主体教育论——走向类主体的教育》，江苏教育出版社 2004 年版，第 344—346 页。

② 杨元花：《儿童游戏场地游戏安全的理论基础》，《太原城市职业技术学院学报》2005 年第 4 期。

都体现了对培养全面发展的人的理想；文艺复兴时期，人文主义高举人性、人道、人权大旗，讴歌人的力量，肯定人的尊严和价值，要求个性解放和人的全面发展；近代资产阶级思想家们也非常重视人的全面发展研究。费希特就主张，应将人的全面发展与社会的发展联系起来，空想社会主义者欧文在设想未来新社会时就提出要培养"全面发展的人"①，圣西门则明确表示："我终身的全部劳动的目的，就是为一切社会成员创造最广泛的可能来发展他们的才能。"② 可见，对人的全面发展思想的探讨一直没有停过，但由于阶级的局限和历史条件的制约，都未能给予科学的回答，只有马克思和恩格斯在继承和发展前人思想的基础上，科学地阐明了人的全面发展理论。马克思和恩格斯的全面发展理论主要包含三个内涵③：一是人的全面发展的主体是一切人。但首先是每个人的全面发展，每个人的全面发展是一切人全面发展的前提。二是人的全面发展是人的自由发展。没有对于世界的改造和在世界中的自主行为，就没有人的全面发展，因为人的全面发展是人的自由发展的结果。三是人的全面发展是每个人在各个方面的发展，即包括体力、智力、能力、志趣、情感、精神、道德、个性和审美情趣等的充分发展。

游戏不仅是应儿童身心发展的需要而产生的，而且游戏也促进着儿童的身体、认知、社会性及情绪情感的发展，实现着重要的发展价值。在游戏与发展关系的研究上，目前看来主要围绕三个基本观点④：一是游戏反映儿童发展——游戏被视为儿童发展之窗，此种观点也可说明游戏在儿童发展中的地位，即游戏可反映出儿童的各层面发展；二是游戏增长儿童发展——游戏被视为是儿童获得行为技巧与知觉概念的媒介，即游戏增进了儿童的发展；三是游戏可视为儿童发展改变

① ［英］欧文：《欧文选集》（第2卷），柯象峰译，商务印书馆1981年版，第147页。

② ［法］圣西门：《圣西门选集》（下卷），何清新译，商务印书馆1962年版，第286页。

③ 龚向和：《受教育权论》，中国人民公安大学出版社2004年版，第107—108页。

④ ［美］约翰逊等：《儿童游戏》，吴幸玲、郭静晃译，扬智文化事业股份有限公司1994年版，第44页。

的工具——游戏能促进身体功能与结构组织产生质性改变的工具，即游戏造就儿童发展的改变。理论上讲，这三种观点某种程度上都是正确的，但儿童个体及游戏的情境千差万别，我们在思考游戏在促进儿童方面发展时不能笼统地一味歌颂，因为游戏有时能促进某领域发展，有时又只反映某领域的发展，有时甚至会阻碍相关领域的发展，比如禁忌游戏、黑暗游戏，它们是社会群体所唾弃和易导致人受伤和死亡的游戏。因此，在这个问题上我们要仔细考量，而不能简单归因。关于这一点格雷塔·费恩（Greta Fein）打了一个形象的比喻，游戏好比我们的"饮食行为"①，我们不会询问饮食对身体发展是否有益，但我们会问吃进的食物的营养成分如何，吃多少，怎么吃才有助于身体健康。这个比喻也形象地告诉我们，游戏与发展之间不能简单地画等号，需要考虑游戏之外的一些因素，但有一点我们可以明确，即适宜的游戏对儿童的全面发展具有促进作用，因此将全面发展作为儿童游戏的价值取向之一是必要的。

---

① ［美］约翰逊等：《儿童游戏》，吴幸玲、郭静晃译，扬智文化事业股份有限公司1994年版，第47页。

第五章　比较与借鉴：儿童游戏权保护措施的比较研究

　　自 1989 年《儿童权利公约》公布以来，游戏成为儿童的一项基本权利已经深入人心，各个国家和地区在儿童游戏权保护方面也做了大量努力。鉴于美国迄今仍未批准该公约，故本书未把美国作为国际比较的研究对象。而相比之下，在儿童游戏权保护方面，英国构筑了世界上堪称最为完善、最为全面的儿童保护体系；日本作为亚洲经济及教育强国，在儿童游戏权保护方面也走在亚洲前列；墨西哥则在其《宪法》、《儿童及少年权利保护法》有专门的条例规定。故本书选取了英、日、墨这三个国家作为代表，来探讨各自在儿童游戏权保护方面的有益经验，以为中国儿童游戏权的保护提供借鉴。

第一节　英国的儿童游戏权保护措施

　　自 1989 年联合国大会通过《儿童权利公约》以来，全世界共有 193 个国家签署了该公约，目前只有美国和索马里两个国家尚未批准该公约。英国政府早在 1991 年就签署了该公约，并且为《儿童权利公约》中确立的儿童权利提供了广泛的保障措施，尤其是对于该公约中第 31 条所确立的儿童游戏权，英国政府建立了堪称世界上最完善的儿童游戏权保护体系。通过对英国儿童游戏权保护措施的介绍，能为中国儿童游戏权保护带来诸多有益启示。

一　英国儿童游戏权的保护范围

英国儿童游戏权的保护范围与《儿童权利公约》确立的儿童权利

保护精神基本一致，大致可以分为以下三个方面。

（一）儿童游戏保护权

从生物学的角度看，人的生存问题不仅仅是一个维持生命的过程，更多是为了保持现在和将来的完整性以能对环境的种种要求做出反应，从而把自身放置在环境中更有利地位的种种方式，其中游戏就是一种可靠的方式，对学前儿童来说，更是如此。伯格哈特（Burghardt）在2005年的研究中指出，"游戏可以被看作是儿童自我保护的过程，因为它提供了促进适应能力和快速恢复能力的可能性，游戏经验的效果转化到大脑结构中去，尤其是转化到大脑的行动情绪、动机和回报系统中去，将导致进一步游戏"[1]。为了说明游戏的上述价值，他进一步通过动物游戏的大脑变化来证明这一点。他指出，"游戏使动物行动，行动能引起动物大脑树突的快速变化，从而激活神经系统变化和大脑活动区域。更加积极及以多样化方式活动的动物，将会有更多大脑神经系统变化的机会，而它又进一步促进动物以更积极的方式进行行为变化"[2]。因此，游戏能为儿童提供积极的适应系统，并和适应系统一起制造积极的情绪。儿童受积极的情绪的影响范围越大，儿童就越能获得更多的快乐和幸福感，反之，"儿童不幸福的道路就会越铺越长"。[3] 游戏对于儿童来说是维持其生存和自我保护的基本机制，保护儿童的游戏权意味着保护儿童通过游戏自己创造幸福、进行自我保护的权利，而儿童游戏保护权的实现，则有赖于儿童游戏参与权及儿童游戏提供权的实现，需要儿童积极参与游戏及通过提供支持性游戏时间和空间的日常生活、环境和社区的实现。

（二）儿童游戏参与权

在《儿童权利公约》中，存在一个内在的矛盾，即儿童参与和表达权与儿童利益最大化原则之间的矛盾，如果儿童参与或表达的愿望不代表他们的长远利益，那么如何权衡儿童自治与成人保护二者之间的关

---

[1] Burghardt, G. M. *The Genesis of Animal Play*: *Testing the Limits.* Cambridge, MA: MIT Press, 2005, p. 105.

[2] Ibid., p. 177.

[3] Panksepp, J. *The Long Term Psychobiological Consequences of Infant Emotions*: *Prescriptiotwenty – first Century.* Infant Mental Health Journal. Vol. 15, No. 2, June 2007.

系？这涉及儿童权利理论发展史上的"解放论"与"保护论"之争，二者在"儿童处于弱势状态，应该予以改善他们的处境"这个基本问题上是一致的，但在促进儿童发展的方式上存在分歧。保护论认为，由于儿童的脆弱性以及有限的情感和认知能力使得他们没有能力进行自我保护，从而需要成人世界为儿童提供积极的保护，促进儿童的利益与福祉。相反，解放论则认为在本体论意义上应该给予儿童与成人意义的道德考量，儿童应当被认真地当作道德行为的主体而不是客体，应当被当作价值主体而不仅仅是被保护的对象，儿童同成人一样的道德地位不能因为儿童的弱小而被克扣。①儿童的游戏参与权恰恰反映了这种矛盾，儿童游戏权一方面需要儿童主动积极地参与，另一方面也需要成人提供一个丰富的环境。英国在儿童游戏参与权方面的基本观点是，不能仅仅把儿童的参与权理解为支持儿童参与到成人相对结构化的民主过程，而应把游戏看作儿童参与日常生活的基本方式，保护儿童的游戏参与权就是不断地通过各种方式促进儿童以游戏方式参与日常的家庭生活和社会生活。②儿童游戏是一个占用和制造空间的过程，游戏环境（物理、社会和文化）的质量影响着儿童的生存、健康和幸福。因此，英国在儿童游戏参与权方面特别注重日常生活中环境的创设，一方面要求成人了解儿童参与游戏的方式，提供支持性、安全性的环境；另一方面，考虑对儿童私密空间的尊重，鼓励儿童自己创造游戏的空间，因为儿童比较看重的游戏地点是"安全的、宁静的、逃离的、秘密的、不被看见又能看见别人……的地方"③。

（三）儿童游戏提供权

游戏是儿童在没有成人参与的情况下自主性活动，既然是自主性活动，儿童无论在何时何地都会寻找机会进行游戏，为什么还要成人提供呢？因为如果在一个非支持性的环境下游戏，儿童可能会在游戏

①　See Michael Freeman and Philip Veerman（eds.），*The Ideologies of Children's Rights*. Martinus Nijhoff Publishers，1992，p. 60.

②　Hart，R. *Stepping Back from "the Ladder"：Reflections on a Model of Participatory Work with Children*，In：Reid，A. B. Participation and Learning：Perspectives on Education and the Environment. Health and Sustainability. Springer. 2008，pp. 19 – 31.

③　Sobel，D. *Children's Special Places. Detroit*. Wayne State University Press，2002，p. 86.

过程中受到伤害，当儿童的生存权、发展权和幸福权受到伤害时，将会对他们的游戏能力产生影响，反之，儿童的游戏能力也会对他们的健康、发展和幸福带来影响。① 因此，从这个意义上说，儿童的游戏提供权是与儿童的生存权、发展权及《儿童权利公约》中所确立的儿童整体权利密切相关的，成人的提供不仅仅是游戏材料设施的提供，还应广泛地考虑儿童权利以确保社会和物理环境能支持儿童游戏的能力。英国在确保儿童游戏提供权方面非常注重对儿童主体性的尊重，如威尔士在发展地方游戏政策和法规时，首要考虑的因素是把游戏提供仅作为支持儿童游戏的一个要素，在此基础上对所有可能影响儿童在社区中自由游戏能力的因素进行综合分析。② 可见，儿童游戏只属于儿童，成人应小心谨慎，从思想上意识到儿童游戏重要性的同时，也要认识到儿童独立自主游戏的特性。在此基础上采取积极行动保护和促进支持儿童游戏的条件（包括物理环境和社会环境），而这必须遵循一条基本原则，就是任何促进游戏的干预都要为儿童游戏留有充足的灵活性、不确定性及安全性，以便让儿童自由地游戏。正如 Kytta 所言③，"成人应将其对儿童游戏的干预建立在创建促进行动领域上，即干预是为了支持儿童创建他们自己自由行动的领域"。

二 英国儿童游戏权的保护体系

英国在儿童游戏权保护方面堪称世界上之最完善、最全面、最有力的国家，不仅有完善的法律、法规及政策，同时也存在大量的民间游戏组织，还有一些游戏项目的推动，它们之间相互合作、相互支持，共同为保障儿童的游戏权服务，具体表现在以下几个方面。

---

① McEwen, B., *Physiology and Neurobiology of Stress and Adaptation: Central Role of the Brain*, Physiological Review, 2007, pp. 873 – 904.

② Greenaway, M. Play in Wales. In: Brown, F. and Taylor, C. (Eds) *Foundations of Play-work. Maidenhead*. Open University Press, 2008, p. 165.

③ Kytta, M., *Affordances of Children's Environments in the Context of Cities, Small Towns, Suburbs and Rural Villages in Finland and Belarus*, Journal of Environmental Psychology, 2004, pp. 109 – 123.

（一）法律、法规的保障

英国关于儿童游戏权的立法主要体现在 1989 年通过的《儿童法》（*children Act* 1989）之中，该法几乎把以前英国政府颁布的所有关于儿童的法律结合到了一起，对儿童权利、儿童卫生保健、儿童福利与教育等内容作了全方位的规定，是英国最为重要的儿童保护立法，被当时的大法官称颂为"议会立法有史以来最全面深入的改革"；英国媒体则称之为"称民心的立法"①。这部法律在 2000 年和 2004 年分别得到修改，其中在 2004 年修改的《儿童法》中，儿童游戏权的规定主要体现在第 17 条"儿童与少年之计划"（Children and young people's plans）之中，该条规定：（1）大臣可根据法律规定，要求英格兰儿童服务主管机关制定、公布计划，并履行各该主管机关所制定的有关儿童与少年之政策。（2）地方主管机关（Local authorities）必须提供服务，并制定适宜本地的儿童与少年休闲计划，此计划应说明对儿童与少年之未来展望，并在计划公布时详细论述优先考虑的事项与活动。此外，在制定计划之前应开展广泛的咨询活动，对象包括儿童、少年、其父母和抚养者、志愿者和社区部门。② 其中，计划书规定事项里就包括教育、训练、休息、娱乐等。这是儿童游戏权在英国中央立法中的规定。

（二）民间游戏组织的努力

在英国，除了政府部门在儿童游戏权保障方面发挥着积极作用之外，还存在大量的民间游戏组织，这些自发性民间组织在不遗余力地推动着英国儿童游戏的组织与开展，确保儿童游戏权的实现，主要有：（1）英国儿童游戏权公益组织（Fair Play for Children，FPFC）③。该组织成立的宗旨是为了贯彻落实《儿童权利公约》第 31 条儿童游戏权之规定。该组织主要由 FPFC 协会和 FPFC 慈善信托公司等两大机构组成，FPFC 协会主要由捐助与赞助的会员组成，专门从事为争取儿童游戏权而四处进行游说，促进政府改变政策与制度；FPFC 慈

---

① 吴允峰：《英国：防止虐童立法完备、高效》，《法制日报》2012 年 11 月 27 日第 2 版。

② 英国电子法规资料库［EB/OL］. http：//www. legislation. gov. uk/ukpga/2004/31/contents。

③ 英国儿童游戏权公益组织［EB/OL］. http：//www. arunet. co. uk/fairplay/home. htm。

善信托公司与FPFC协会一样拥有共同的会员，但分工不同，它主要负责游戏权的研究、资讯及相关事务。目前，FPFC进行的方案有网络化工程、自由游戏、儿童游戏设施及保护措施、游戏公平、游戏表达，与游戏相关技能交流等。（2）英国信赖场地组织（Fields in Trust，FIT）①。该组织的前身为英国游戏场协会（National Playing Fields Association，NPFA），宗旨在于保障和改善户外运动及游戏空间设施，确保每一个人都能参与健康的户外活动。目前，该组织实际行动有"借由发展永久性地保护各个游戏场""改善游戏场设施""影响政府政策以确保游戏场不被廉价出售""为拯救受威胁的游戏场而战""帮助地方社区经营当地游戏场地""与组织伙伴合作，通过改善游戏场设施以美化地方社区""提升对儿童游戏场价值的认识"等。（3）英国游戏训练网（Play‐Train）②。该组织主要负责提供游戏训练课程，以满足于儿童相关的组织和人员之需求。它是一个独立的、非营利性的机构，最终目的在于通过游戏提升儿童的创造力，游戏训练的课程包括激励创造、舞蹈与活动、2D与3D视觉艺术、音乐游戏、使用自然材料、戏剧与角色游戏、规则性游戏、户外游戏、午餐时间的监督管理、儿童参与、提升正面积极的态度、成功经验工作坊等。除了这三个影响比较大的民间游戏组织之外，还有许多大大小小的地方民间游戏组织，比如自由游戏网、儿童网、伦敦游戏网、游戏伙伴网、游戏日、威尔士游戏等，它们在英国儿童游戏权推展方面发挥着重要的作用。

（三）政府部门与民间组织的结盟

在英国，对儿童游戏权保护最有力的政府部门首推"文化、媒体与体育部"（Department for Culture，Media and Sport，DCMS）③，该部门负责的业务比较广泛，与儿童游戏权相关的业务主要归于"教育及社会政策"（education and social policy）之下。该部门对儿童游戏权的保护主要通过与英国的三个民间游戏组织订立契约来进行，并以每

① 英国游戏场协会［EB/OL］. http：//www. fieldsintrust. org/。
② 英国游戏训练网［EB/OL］. http：//www. playtrn. demon. co. uk/index. htm。
③ 英国文化、媒体和体育部［EB/OL］. http：//www. culture. gov. uk。

年50万英镑的经费对这三个组织进行资助，这三个组织包括儿童游戏评议会（Children's Play Council，CPC）、儿童游戏资讯服务（The Children's Play Information Service，CPIS）和活跃技能（Skills Active），详见图5-1。儿童游戏评议会和儿童游戏资讯服务同隶属于国家儿童局（National Children's Bureau），其中儿童游戏评议会①是专门从事政策、研究、资讯及良好策略的研发，以让儿童获得自由游戏的经验品质。此外，它还有一个重要目标，就是提升公众对于游戏在儿童生活中重要性的认识以及不断为儿童提供良好的游戏机会和服务。由于它是一个国家与地方组成的联盟，因此与其他关心儿童的机构合作紧密，经常性召开讨论会议，以促进更好的游戏政策的出台，为儿童游戏发出它应有的声音。儿童游戏资讯服务②是第二个英国文化、媒体与体育部订约并接受资助的民间组织，该组织的宗旨是为公众提供与儿童游戏有关的建议与指引，它拥有非常丰富的与儿童游戏相关的资源，又被称为儿童游戏的"国立图书馆"（National Library），它的资源涉及各领域儿童游戏的图书、报告、小册子、论文及视听资料等，为提升公众对儿童游戏价值的认识提供了广泛的资讯服务。活跃技能③是第三个接受资助的民间组织，它的宗旨是建构游戏训练与资格条件的国家体制，如制定游戏工作人员的国家职业标准与基础学位等，同时它为游戏工作者提供地方训练中心。总之，这三个民间游戏组织共同接受英国文化、媒体与体育部资助，同时开展关于儿童游戏相关的研究，为文化、媒体与体育部出台更为科学、合理的游戏政策提供依据，三者关系详见图5-1。

（四）游戏项目的推动

英国儿童游戏项目主要靠英国的文化、媒体与体育部（DCMS）推动，英国进行的游戏项目中影响比较大的主要有"儿童游戏倡议"和"英格兰游戏项目"两个项目。2004年，为了重审英国的儿童游

---

① 英国儿童游戏评议会［EB/OL］. http：//www. ncu. org. uk/cpc。

② 英国儿童游戏资讯服务网站［EB/OL］. http：//www. ncb. org. uk/cpis。

③ 英国活跃技能网站［EB/OL］. http：//www. skillsactive. com。

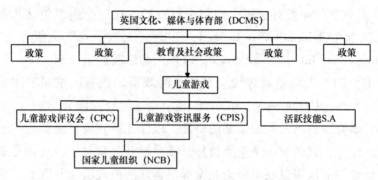

图 5-1 英国文化、媒体与体育部与受其资助的
三个民间游戏组织的关系结构示意

戏政策，英国儿童游戏评议会协助执行了一个名为"正视儿童游戏——儿童游戏之回溯"① 的调查项目，该项目所提出的游戏政策建议为英国大彩票基金（The Big Lottery Fund）所采纳，随后发展成为新的儿童游戏策略项目——"儿童游戏倡议"②。此项目得到英国大彩票基金 15500 万英镑的经费资助，该倡议包括"儿童游戏项目""游戏点子项目"和"区域性支持与发展项目"三个项目，其中"儿童游戏项目"获得了 12400 万英镑的经费资助，"游戏点子项目"获得了 1600 万英镑的经费支持，而"区域性支持与发展项目"则获得了 1500 万英镑的经费支持。"英格兰游戏项目"正是为落实"区域性支持与发展项目"而开发的一个项目，它是一个为期五年的长期项目，目的是确保所有儿童和青少年在英国都有自由接触游戏空间的机会，而提供促进自由游戏的策略和永久性支持架构。该项目的具体目标有：（1）提升地方游戏策略；（2）建立有效伙伴关系；（3）通过研究证实游戏的价值；（4）促进公平的多样化的游戏政策制定；（5）提升游戏的自觉水平。"儿童游戏倡议"和"英格兰游戏项目"两个项目已成为英国最具影响力的游戏推展工作，堪称政府与民间组织合作的典范，这两个项目的关系结构如图 5-2。

---

① 英国儿童游戏评议协会网站［EB/OL］. http：//www. ncu. org. uk/cpc。
② 英国大彩票基金网站［EB/OL］. http：//www. biglotteryfund. org. uk/。

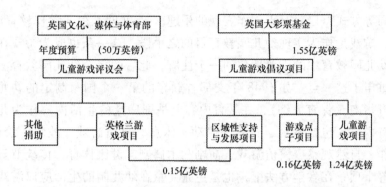

图 5 - 2 儿童游戏倡议项目与英格兰游戏项目关系结构示意

第二节 日本的儿童游戏权保护措施

日本是亚洲东部的一个岛国，人口稠密但资源相对不足，对别国的依赖性比较大，这也造就了日本重视教育、重视人才培养的优良传统。目前，日本是世界上教育发展水平较高的国家之一，中小学教育已基本普及，高等教育也已进入大众化阶段，学前教育也一直走在世界最前列。游戏一直是日本学前教育的核心词汇，日本第一个学前教育机构——东京女子师范附属幼儿园就是采用福禄倍尔的教育思想，强调通过让幼儿开展"恩物"游戏来启动其心智。可见，日本对于儿童游戏的重视由来已久，在儿童游戏权的保护方面也是全方位的。这主要体现在法律法规的保护、专门机构的管理以及游戏项目的推动等三个方面。

一 法律法规的保护

（一）教育法律法规

日本是幼保二元化体制的国家，幼儿园与保育所是截然分开的，但在对游戏的重视方面两者是一致的。日本对于儿童游戏权的保护最为集中的两个教育法律分别是 1947 年颁布的《学校教育法》和《儿童福利法》。《学校教育法》中第 78 条明确规定："为实现前条（幼儿园系以保育幼儿、给予适当环境、促进其身心成长为目的）所订之目的。幼儿园必须努力达成以下几项目标……五、藉由音乐、游戏、绘画等方式，培养对于创作表现的乐趣。"① 可见，在《学校教育法》中，游戏是作为实现幼儿园教育目的之手段。这一条也成为游戏在日本幼儿园教育中的重要地位的一个注脚，此后的多个幼儿园教育法令都重申了这一点。如 1948 年文部省颁布的第一个国家制定的幼儿园教育指南《保育大纲》，在教育内容上是把广泛的生活内容作为儿童教育内容，包括参观、音乐、律动、休息、自由游戏、故事、绘画、制作、自然观察、模仿游戏、演剧和木偶剧、健康体育、传统节日活动等十项；在教学方法上，也是主张儿童在幼儿园的生活应以游戏为主，不做课程安排，不将每一天的时间分为各特定作业的活动时间。② 1964 年的《幼儿园教育大纲》强调，幼儿教育的形式是开展各种活动，重视游戏的教育作用，寓教育于游戏之中，通过游戏达到教育目的。1990 年修订后的《幼儿园教育大纲》确定了幼儿园教育的三条基本原则，其中第二条为"以游戏指导为中心"，这意味着幼儿园教育是以幼儿的自主游戏为中心，教师是通过对幼儿的自主游戏进行指导达到促进幼儿身心协调发展的目的。

《儿童福利法》在儿童游戏权保护方面的法律条文体现在第 8 条第 7 款关于社会保障审议会的设置及其权限的规定，"社会保障审议会及都、道、府、县儿童福利审议会为谋儿童及智能障碍者的福利，对于文化娱乐、出版物、玩具、游戏等给予推荐，或是对于制作、演出、贩卖者给予必要的劝告"③。这一条其实赋予了社会保障审议会及儿童福利审议会在儿童游戏权保障方面的具体职责及行使其职责的具体方式。该法第 40 条也对儿童休闲设施作了相应规定，"所谓儿童福利设施，系指儿童乐园、儿童馆等给予儿童健全的游戏，以增进其健康、丰富其情操为目的的设施"④。这一条是对于儿童福利设施的规定，其实质就是能增进儿童身心健康的游戏设施，因此，对于儿童福利设施的保障实质就是对于儿童游戏权的保障。另厚生省 1965 年颁布的《保育所保育指南》中，对于 3 周岁以下的幼儿，在教育内容

---

① 日本学校教育法［EB/OL］. http：//law. e - gov. go. jp/cgi - bin/idxsearch. cgi。
② 史静寰、周采：《学前比较教育》，辽宁师范大学出版社 2008 年版，第 131 页。
③ 日本儿童福利法［EB/OL］. http：//law. e - gov. go. jp/cgi - bin/idxsearch. cgi。
④ 同上。

方面强调应以幼儿的生活和游戏为主。可见对于保育所的婴幼儿来说，游戏是其生活的全部内容。

（二）其他相关法律法规

在日本的其他法律法规中，对于儿童游戏权的保护也有提及，但多为关注儿童游戏安全方面。如1960年通过的《道路交通法》中第14条第3款规定："对于六岁以上未满十三岁的儿童或是于未满六岁的幼儿有保护责任之人，不得让儿童在交通繁忙的路段、铁路或附近道路游戏，或让其独自步行。"这一条乃是对于儿童游戏场所的限制，通过这种限制确保儿童的游戏安全。

在儿童玩具方面，日本也建立了比较完善的法律法规体系。1947年通过的《食品卫生法》就有儿童玩具的相关规定，该法对儿童玩具的"玩具规范""原料规范"和"生产标准"等有详细规定。相关企业应按照这些要求进行生产，该法还规定了合格评定程序，由厚生劳动省指定日本书画用品安全试验所、化学技术战略推进机构等作为第三方机构进行评估。2007年新修订的《消费品安全法》则专门对童车（包括幼儿自行车、幼儿三轮车、婴儿推车和婴儿学步车等）、儿童秋千、滑道、爬杆等进行了专门规定，要求厂商在生产后自选性加贴SG标识。另外，在玩具标准方面，目前日本适用的玩具标准有ST 2002（玩具安全标准）、CPSA 0012（幼儿三轮车标准）、JISD 9302（幼儿自行车标准）、CPSA 0001（婴儿推车安全技术标准和测试方法）、CPSA 0002（婴儿学步车安全技术标准和测试方法）等。2012年日本新版的玩具安全标准（ST 2012）也于2012年10月3日出版，并将于2013年1月1日开始生效，但在过渡期内（一直到2014年3月31日）ST 2002（玩具安全标准）仍然有效。①

二　专门机构的管理

日本在儿童游戏权保护方面有一个非常重要的机构——审议会，审议会的设置及其权限的规定主要体现在《儿童福利法》中第8条第7款，"社会保障审议会及都、道、府、县儿童福利审议会为谋儿童及智

---

①　杨改霞：《日本玩具标准ST 2012发布》，《轻工标准与质量》2012年第6期。

能障碍者的福利，对于文化娱乐、出版物、玩具、游戏等给予推荐，或是对于制作、演出、贩卖者给予必要的劝告"①。由此可知，社会保障审议会和儿童福利审议会是与儿童游戏权直接相关的两个主管机关。

社会保障审议会是依据《厚生省设置法》而设定的，该法第6条第1款规定，"本部设以下审议会：社会保障审议会、厚生科学审议会、劳动政策审议会、医学审议会、药品食品卫生审议会"。社会保障审议会的组成及其职能依《社会保障审议会令》而定，其中第一条之规定，"社会保障审议会是由三十人以内的委员所构成，审议会为了审议之必要，可设临时委员会。审议会出于调查专门事务，可设专门委员会"。第2条规定，"委员与临时委员是由具备一定学识经验的人担任，并经厚生省部长任命。专门委员是由具备该专门事务学识经验的人担任，并经厚生省部长任命"。第5条规定，"社会保障审议会下，应设'分科会'，包括统计分科会、医学分科会、福利文化分科会、医疗保险率分科会以及年资金运用分科会，其中与儿童游戏权保障密切相关的是福利文化分科会。福利文化分科会下设出版物委员会、舞台艺术委员会及影像、媒体委员会等。福利文化分科会下设主任委员一名（兼任福利文化分科会会长），临时委员六名（由具备儿童福利领域学识经验的人担任），专门委员二十名（由福利文化分科会各文化子领域的专家担任），福利文化分科会的主要职能是对与儿童密切相关的文化产品进行推荐和劝告，对儿童出版物、舞台艺术及影像媒体等作品内容进行审查，防止有损儿童身心健康发展的进入市场。对文化产品进行推荐和劝告是福利文化分科会履行其职能的主要方式，但推荐和劝告依据的标准不同，如推荐的标准有三：一是对儿童道德、智力、情操有帮助；二是对传播儿童健全养育知识或解决儿童相关问题等儿童福利思想的启发有积极意义；三是对儿童保育、指导等知识与技术的普及有积极效果。而劝告的标准也有三点：一是对于儿童道德、智力、情操、外表有危害的；二是对儿童的观念和知识有误导的；三是对儿童造成强烈刺激或环境不健全，直接或间接危害

---

① 日本儿童福利法［EB/OL］. http：//law. e - gov. go. jp/cgi - bin/idxsearch. cgi。

儿童福祉的"。① 可见推荐和劝告是从正反两个方面来影响文化产品的制作者、演出者和贩卖者的，以确保各种儿童文化产品符合儿童福祉。

儿童福利审议会则是依据《儿童福利法》设定的，该法第 8 条第 2 款规定，"为调查审议有关儿童、孕妇及职能障碍者之福利事项，应设置都、道、府、县儿童福利审议会"。第 3 款规定，"为办理前项事务之调查审议，得设市町村儿童福利审议会"。这是儿童福利审议会设置的法律依据。儿童福利审议会的管理依该法第 8 条第 4 款，"都、道、府、县儿童福利审议会的管理属于该都、道、府、县知事，市町村儿童福利审议会的管理属于市町村长，各行使其咨询和向有关行政机关提出建议等事项"。儿童福利审议会的组成依该法第 9 条之规定，"儿童福利审议会由二十人以内的委员组成。儿童福利审议会为审议特别事项，可设置临时委员。儿童福利审议会的委员和临时委员，均由从事儿童或智能障碍者的福利事业或具备这方面学识和专长的人担任，并经都、道、府、县知事或市町村长任命"。儿童福利审议会行使其职能的方式与社会保障审议会下的福利文化分科会一样，主要通过推荐和劝告的方式，而且在具体履行其职能时，二者还有相互协助的义务，如该法第 8 条第 6 款就规定，"社会保障审议会及都、道、府、县儿童福利审议会，除应相互提供资料之外，还应经常保持密切联系"②。可见，社会保障审议会和儿童福利审议会在游戏权保护方面，除各自行使其法定职能之外，还相互协作、密切配合，共同构筑维护儿童游戏权益的坚强堡垒。

三　游戏项目的推动

日本的游戏项目的制定和实施主要由文部省和厚生省负责，当前最为主要的游戏项目有文部省的"地方儿童教室推进"项目和"课后儿童教室推进"项目，以及厚生省的"课后儿童健全育成"项目。其中文部省的"地方儿童教室推进"项目是 2004 年至 2006 年实施

---

① ［日］厚生省网站［EB/OL］. http：//www. mhlw. go. jp。
② ［日］儿童福利法［EB/OL］. http：//law. e - gov. go. jp/cgi - bin/idxsearch. cgi。

的，当时的文部省终身学习政策局提出为期三年的"地方儿童教室推进"项目，该项目实施的目的是想通过整合儿童的活动场所（主要以活用全国的小学场地为主），聚集各地成人教育力量（包括退休教师、大学生、社会教育团体领导人及各地的成人义工等）作为安全管理人员或活动顾问，以支持儿童课后和周末的运动及文化活动等各种各样的儿童体验活动，确保儿童课后活动的场所，并促进各地居民之间的交流。① 该项目实施了三年，取得良好的效果，在 2007 年"课后儿童教室推进"项目实施以后，该项目终止并为之所取代。

　　"课后儿童教室推进"项目是由文部省于 2007 年制定实施的，该项目计划在全国一万所小学校园内，利用课后和周末时间，活用小学教室，为儿童的运动和文化活动提供场地，因宗旨与"地方儿童教室推进"项目相同，故称为其后续项目。"课后儿童教室推进"项目的实施内容包括三大部分：（1）项目领导机构的设置。为确保该项目的顺利实施，在各都、道、府、县、指定都市、核心市设立"推进委员会"，该委员会由行政关系者、学校关系者、社会教育关系者、福利关系者以及一些专家学者等组成，主要负责制定实施方针、安全管理对策、宣传活动对策、指导者培训计划，以及项目的检验、评价等工作。在各市町村设营运委员会，该委员会由行政关系者、学校关系者、社会教育关系者、福利关系者以及地区居民所组成，主要负责项目制定、安全管理对策、宣传活动对策、活动方案执行、人员配置，以及项目的检验、评价工作。（2）项目指导者的组成及职能。为确保该项目的实施，该项目集合了当地的成人义工、大学生、退休教师、社会教育团体相关人员作为课后儿童指导者，他们在儿童课后和周末时间，活用小学教室，为儿童设置安全的、放心的活动场地，以促进儿童的运动和文化活动等各种各样的体验活动，以及与地区居民的交流活动。此外，为谋求项目指导人员与从事该项目的小学对等人员，以及安全管理人员之间的通力合作，在各都、道、府、县、市町村还将定期举办培训班，以提高该项目从业人员的素质。（3）项目经费预算。

---

　　① ［日］文部省终身学习政策局营造儿童居场所推进室网站［EB/OL］. http：//www. ibasyo. com。

为顺利且迅速地实施该项目，2007 年日本书部省将项目的经费预算额定为 68.2 亿日元，充裕的经费为该项目提供了有力的保障。

"课后儿童健全育成"项目是厚生省于 2006 年实施的一个游戏项目，该项目的宗旨是"照顾未满十岁儿童的课后游戏与生活"，实施地点为"儿童馆、学校教室、学校专用设施等"。预算额为 158.5 亿日元。该项目的实施内容包括六个方面：（1）课后儿童的健康管理，确保儿童安全与情绪安定；（2）对游戏活动的热情和态度的形成；（3）通过游戏培养儿童的自主性、创造性和社会性；（4）充分了解课后儿童的游戏活动状况及与家庭的联系；（5）给家庭及地区的游戏环境建设提供支持；（6）课后其他与儿童健全培育相关的活动。该项目在 2007 年经由文部省和厚生省的合作，形成与"课后儿童教室推进"项目并驾齐驱并通力合作的局面，二者关系可见图 5－3。

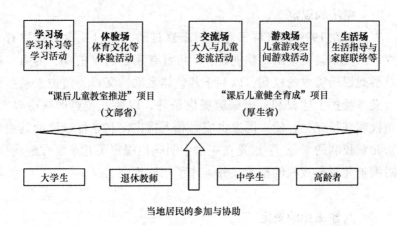

图 5－3　"课后儿童教室推进"项目与"课后儿童健全育成"项目关系示意

第三节　墨西哥的儿童游戏权保护措施

墨西哥是中北美洲的一个美丽的高原国家，它北接美国，南接危地马拉和伯利兹，领土面积仅次于巴西和阿根廷，是拉美第三大国；人口仅次于巴西是拉美第二人口大国。墨西哥自 1917 年资产阶级革命胜利后颁布了第一部宪法以来，就把教育放在优先发展的位置。尤其是在第二次世界大战结束后，经过历届政府的努力，其教育取得了突飞猛进的发展。在备受关注的学前教育领域里，墨西哥教育界有一个普遍的观点，认为"幼儿教育阶段是一个对儿童智力发展和个性形成有深远影响的阶段，是奠定基础的阶段"[①]。因此，墨西哥的幼儿园里，教学内容非常广泛，教学形式非常活泼。其中游戏就是最主要的教学形式，各种教学内容主要通过有趣的游戏活动教给儿童。联合国《儿童权利公约》通过之后，墨西哥通过了《宪法》修订案以及《儿童及少年权利保护法》，以真正贯彻落实《儿童权利公约》中确立的儿童各项权利，其中就有关于儿童游戏权的相关规定。在国家宪法中明确提出儿童享有游戏权，并在其他法律中将其专列出来加以规定，这在世界上尚属首次。

一　宪法的规定

墨西哥在 1999 年修订了宪法，新修订的宪法对儿童游戏权有专门规定。其中第 4 条第 6 款规定："儿童有满足其对粮食、健康、教育及游戏娱乐需求的权利，以利于其整体发展。父母、监护人及照顾人有义务维护上述权利。国家应提供条件，以使儿童尊严获得尊重，儿童权利获得充分行使。国家也应为私人提供便利条件以协助其履行维护儿童权利的义务。"这是在宪法中明确地规定了儿童享有游戏权，并对维护儿童游戏权的相关义务人作了相应规定。

二　其他法律的规定

为了适应新修订的宪法，墨西哥众议院于 2000 年通过了《儿童及少年权利保护法》，其中就将儿童游戏权独立为一章，专门加以规定。这在该法的第 2 编《儿童及少年权利》中有明文规定，"儿童享有十三种权利，分别是优先权，生命权，免受歧视权，享有福利生活及健全心理发展权，免遭有害影响、虐待、性侵害的整体保护权，身份权，家庭生活权，健康权，身心障碍儿童及少年的特殊权利，受教

---

① 曾昭耀等：《当今墨西哥教育概览》，河南教育出版社 1994 年版，第 36—37 页。

育权，休息及游戏权，思想自由及享有固有文化权，参与权等"。①
这十三种权利各自独立为一章详细加以规定，其中的第 11 章是专门
规定儿童的"休息与游戏权"的。在第 11 章中第 33 条规定："儿童
与青少年有休闲与游戏的权利，对于儿童的成长与发展，这些权利将
作为优先考虑；正如儿童在社会享有表现、参与文化及艺术活动权
利。"第 34 条规定："不得以生活方式、学习、工作或纪律规则等任
何理由或情况强加给儿童身上，而使儿童减少享有前列权利的机会。"
第 35 条规定："①为确保本法儿童受保障的权利，宪法的禁止性规定
在此加以重申：不管在什么样的劳动情境下，都禁止与 14 岁以下的
未成年人订立契约；②若违反上述规定，擅自将儿童的发展置于危险
的环境中者，将依据刑法的相关规定对违法者施以刑罚；③此外，联
邦政府与地方各级政府应提供必要协助，切实履行各自义务以保障儿
童及青少年不被遗弃或欠缺保护。"② 可见，墨西哥在儿童游戏权保
护的立法上是比较完善的，除了明确规定儿童享有游戏权之外，还明
确了成人和政府的义务，成人不能以任何理由减少或限制儿童游戏的
机会，联邦政府和各级地方政府应尽力促使儿童享有游戏权，这具有
非常积极的意义。

第四节　对中国的启示

通过对英国、日本、墨西哥在儿童游戏权保护方面先进经验的介
绍，我们可以发现一些共同的特点，比如民间机构发挥着重要的作
用，有比较完善的儿童游戏权立法，有专门游戏项目的推动，等等。
尽管这些国家和地区在社会制度、政治制度、法律制度等诸多方面与
中国不太相同，但它们的经验和做法对我们仍不无启迪，这体现在以
下四个方面。

---

① 石镇嘉：《儿童游戏权之研究——从联合国儿童权利公约检视中国儿童游戏权之保
障》，硕士学位论文，台北教育大学，2007 年。
② 同上。

一　政府设立专门的管理机构

对于儿童游戏权的保护，政府起着举足轻重的作用，这在英国、日本、墨西哥的儿童游戏权保护措施中体现得较为明显。在英国，与儿童游戏权的相关事务是通过设立专门的机构——"文化、媒体与体育部"（DCMS）来负责，"文化、媒体与体育部"（DCMS）则通过资助儿童游戏评议会（CPC）、儿童游戏资讯服务（CPIS）和活跃技能（SA）等三个民间机构来实现管理；而在日本，则有社会保障审议会和儿童福利审议会这两个主管机关。可见，政府在儿童游戏权保护中应有所作为，相比之下，中国政府部门却没有设立类似的管理机构，专门负责管理儿童游戏权相关事宜，这一定程度上也体现了政府的失职。明确政府职能，设立专门的管理机构是儿童游戏权保护的大势所趋。

二　充分发挥民间组织和机构的作用

儿童游戏权的真正落实，有赖于广大民众在日常生活中自觉行动，而要让儿童游戏权真正转化为民众的自觉行动，提升广大民众的游戏权利意识十分重要。权利意识是指特定社会的成员对自我利益和自由的认知、主张和要求，以及对他人权利认知、主张和要求利益和自由的社会评价。[①]它涉及个体对自我权利的认知、主张和要求及对他人认知、主张和要求权利的社会评价两个方面，就游戏权利意识而言，包括儿童对自己游戏权利的认知、主张和要求，也包括公众对儿童要求游戏权利的认知。因此，公众游戏权利意识的提高对于儿童游戏权保障起着重要作用，一方面需要提供儿童自身对于游戏权利的认识，学会捍卫自身的游戏权；另一方面需要社会大众对儿童享有游戏权有充分的认识，自觉维护和保障儿童游戏权的实现。英国在提升公众儿童游戏权利意识方面做了大量工作，其中的民间游戏组织发挥着巨大作用，英国国内有为数众多的以"游戏"命名的民间游戏组织，

---

① 夏勇：《走向权利的时代——中国公民权利发展研究》，社会科学文献出版社 2004 年版，第 34 页。

他们在为儿童游戏提供场地、设施、材料的同时，也在开展儿童游戏方面的研究工作，这些研究结论不光是政府制定游戏政策的依据，更为重要的是它在提升公众对于儿童游戏价值的认识，从而使得公众在现实生活中自觉维护儿童的游戏权起着重要作用。提升公众的游戏权利意识，政府固然发挥着不可替代的作用，但也应看到民间的力量。

三　推动儿童游戏权立法工作

就国内儿童游戏权保护的法律法规而言，虽然几部幼教法规屡次提到要以游戏为基本活动，但缺乏强制力和可操作性，同时立法层次也很低；在被誉为保护儿童权益"宪法"的《未成年人保护法》（该法于 1991 年颁布，2006 年修订）里，虽立法层次高，对儿童权益的保护也做了全面的规定，但多为宣示性、指导性条款，缺乏可操作性。而且对于儿童游戏权的保护既没有单独列出，也没有具体表述；另外在《九十年代中国儿童发展规划纲要》（1992）、《中国儿童发展纲要（2001—2010）》（2001）以及《中国儿童发展纲要（2011—2020）》（2011）等作为履行《儿童权利公约》的三个国家行动方案里，其相关的条款和保障措施的规定，也多为针对儿童生存权、发展权和受保护权等儿童一般性权益的保障而提出，儿童游戏权的保护难觅其踪。相比之下，英国则建立了完善的儿童游戏权保护法律，在《儿童法》中第 17 条就有关于儿童游戏权的专门规定，并且从中央到地方都有专门的主管机关负责儿童游戏与休闲计划事宜，为儿童游戏权的实现保驾护航。日本也有《学校教育法》和《儿童福利法》等专门性的法律；更为可贵的是墨西哥，不仅将儿童游戏权入宪，还在《儿童及少年权利保护法》中将儿童游戏权独立为一章，专门加以规定。立法的缺失是影响中国儿童游戏权保障的重要原因。因此，加强儿童游戏权方面的立法是解决中国儿童游戏权保护问题的当务之急。

四　建立完善的儿童游戏权保护机制

在儿童游戏权的保护上，政府是主导，民间力量是主体，充分协调好这两个力量的关系十分重要。英国在这方面处理得比较好，形成了比较完善的儿童游戏权保护机制。从上面的论述可知，英国政府部门中专门负责儿童游戏权的是文化、媒体与体育部（DCMS），它的主要职责是和民间组织签订契约、资助经费、出台政策；而受资助的民间组织则是做研究，为政府的政策制定提供建议、资讯和研究结论，确保政策的科学性、有效性。政府和民间组织之间既有分工又有合作，共同为儿童游戏权保障尽好各自的责任。政府和民间组织整合、分工的保障机制对于中国儿童游戏权保障有积极的借鉴意义，我们也可以考虑由教育部门负责儿童游戏权相关政策的制定，教育部门通过一定的经费支持与国内几个特定的民间机构开展合作，通过整合民间资源，发挥民间的研究力量，让民间机构去进行有关儿童游戏权利保护的调研工作，形成的结论作为制定相关游戏政策的依据。这种保障机制既省时、省力、省钱，同时又调动了民间机构的积极性、主动性和创造性。

第六章　现状与分析：儿童游戏
权利观的调查与分析

　　幼儿园与家庭是学前儿童成长的两个重要环境，也是儿童游戏活动开展的两个重要场所，教师及家长对儿童游戏权利的看法和态度直接影响着他们的教育行为，也直接影响着儿童游戏权的享有程度。因此，为了了解中国幼儿教师及幼儿家长对儿童游戏权利的看法和态度，研究者采取了问卷调查和访谈相结合的方法，对当前幼儿园教师及幼儿家长对儿童游戏的看法、儿童游戏权利内容的理解及儿童游戏权利保护的认识进行了细致的调查和深入的分析。同时，为了了解幼儿教师、家长在教育实践及日常生活中对待儿童游戏的行为，研究者采取了观察的方法，通过对一些具体游戏场景的观察，形成典型案例，客观呈现幼儿教师及家长在行为层面是如何对待儿童游戏的。力图找出幼儿教师及家长从观念到行为上存在的问题，并分析其产生的原因，为儿童游戏权保护提供现实依据和参考。

第一节　儿童游戏权利观的调查结果及分析

一　研究设计
（一）调查目的
　　运用修订完善后的信效度检验较好的自编问卷对幼儿园教师及幼儿家长进行调查，以期了解他们的游戏观、游戏权内容观及游戏权保护观，找出观念背后的深层原因，为切实保护儿童游戏权提供依据。
（二）调查对象和方法
1. 问卷编制
　　对于儿童游戏权利观的调查问卷，目前国内外均无可供参考的问卷或量表，因此，研究者结合本书前部分对游戏观类型及游戏权内容的分析，建构起问卷的理论构想，从三个层面编制了 30 个题目。问卷的题项均采用 Likert5 点计分，"非常不同意"计 1 分，"比较不同意"计 2 分，"不确定"计 3 分，"比较同意"计 4 分，"非常同意"计 5 分。研究者用该问卷对 150 位幼儿教师进行了预测，运用 SPSS13.0 对得到的数据进行了探索性因素分析，问卷的 KMO 值为 0.856，巴特利特球形检验的卡方值为 4536.398，$P < 0.001$，说明适合做因素分析。因素分析结果去掉了 11 个载荷系数小于 0.4 或者双重载荷的题目，得到 19 个题目的正式问卷，包括游戏观（5 个题目，载荷系数在 0.412—0.536）、游戏权利内容观（6 个题目，载荷系数在 0.422—0.549）和游戏权保护观（8 个题目，载荷系数在 0.417—0.567），其总问卷的内部一致性信度为 0.896，表明此问卷具有较好的信度。本问卷分为教师问卷和家长问卷，二者内容基本相同。

2. 调查对象

本书采用随机抽样的方法，在江苏、湖北两省 12 所幼儿园（其中江苏省南京市 2 所，湖北省武汉市和黄石市各 5 所）分别抽取教师和家长各 300 人进行正式问卷施测。教师问卷的有效问卷为 255 份，有效回收率为 85%；家长问卷的有效问卷为 249 份，有效回收率为 83%。无效问卷的筛选遵循以下标准：（1）整份答卷呈规则作答，如同一性作答或规律的波浪形作答。（2）整份问卷未作答项目大于等于 3 个。（3）整份问卷作答选两个以上答案的项目大于等于 3 个；满足以上其中的任一标准均视为无效问卷。被试基本情况见表 6 - 1、表 6 - 2。

表 6 - 1　　　　　　　　　被调查家长的基本情况分布

基本情况		人数	百分率（%）	累计百分率（%）
家长	父亲	61	24.5	24.5
	母亲	188	75.5	100.0
年龄	30 岁以下	83	33.3	33.3
	31 岁以上	166	66.7	100.0

基本情况		人数	百分率（%）	累计百分率（%）
学历	高中以下	74	29.7	29.7
	大专	86	34.5	64.3
	本科及以上	89	35.7	100.0
年收入	3万以下	31	12.4	12.4
	3万—5万	61	24.5	36.9
	5万—10万	104	41.8	78.7
	10万以上	53	21.3	100.0
班别	小班	88	35.3	35.3
	中班	67	26.9	62.2
	大班	94	37.8	100.0

表6-2 被调查幼儿教师的基本情况分布

基本情况		人数	百分率（%）	累计百分率（%）
教龄	3年以下	59	23.1	23.1
	3—5年	50	19.6	42.7
	6—15年	91	35.7	78.4
	16年以上	55	21.6	100.0
职称	小高	45	17.6	17.6
	小一	78	30.6	48.2
	小二	46	18.0	66.3
	其他	86	33.7	100.0
学历	高中	64	25.1	25.1
	大专	135	52.9	78.0
	本科	56	22.0	100.0
专业背景	学前	165	64.7	64.7
	小教	32	12.5	77.3
	其他	58	22.7	100.0

续表

基本情况		人数	百分率（%）	累计百分率（%）
园类型	公办	109	42.7	42.7
	民办	100	39.2	82.0
	其他	46	18.0	100.0

3. 统计处理

正式测试的问卷数据采用 SPSS13.0 进行统计分析，对所得的数据资料进行了独立样本 t 检验（自变量为 2 水平时）、方差分析（自变量为 2 水平以上时）等方式处理。

二 调查结果与分析

（一）家长儿童游戏权利观的比较分析

本部分将主要探讨父母亲年龄、学历、孩子所在班级、家庭收入等变量方面家长对儿童游戏权利看法的差异。考察方式则以家长个人背景变量为自变量，家长的游戏权利观为因变量，分别对其进行独立样本 t 检验和单因素方差分析等，以了解不同背景变量方面家长游戏权利观的差异情况。

1. 不同年龄家长对儿童游戏权利看法的差异分析

表 6 - 3　　　　　　　年龄对家长儿童游戏权利观的影响

因变量	自变量（年龄）		t	df	P
	30 岁以下	31 岁以上			
游戏观	4.02 ±.48	4.04 ±.48	−.297	247	.767
游戏权内容观	4.58 ±.37	4.56 ±.38	.490	247	.625
游戏权保护观	4.05 ±.49	4.14 ±.46	−1.417	247	.158

对父母亲的儿童游戏权利观的年龄差异进行独立样本 t 检验（结果见表 6 -3）发现：不同年龄父母的儿童游戏权利观的三个因子得分都较高且无显著性差异（P > 0.05）。说明不同年龄阶段的父母都能比较

正面地看待儿童的游戏权利，且认为游戏有利于儿童身心的健康发展。

　2. 不同学历家长对儿童游戏权利看法的差异分析

表6-4　　　　　　学历对家长儿童游戏权利观的影响

因变量	（自变量）学历			F	多重比较
	高中及以下	大专	本科及以上		
游戏观	3.89 ±.57	4.04 ±.46	4.14 ±.38	5.731 **	a < b, a < c, b = c
游戏权内容观	4.43 ±.41	4.54 ±.37	4.70 ±.31	11.426 ***	a < c, b < c, a = b
游戏权保护观	3.88 ±.49	4.14 ±.47	4.27 ±.39	14.830 ***	a < b, a < c, b = c

　　注：a = 高中及以下，b = 专科，c = 本科及以上；* 表示 P < 0.05，** 表示 P < 0.01，*** 表示 P < 0.001。

　　通过对父母亲的儿童游戏权利观的学历差异进行单因素方差分析（结果见表6-4）发现：不同学历的家长的儿童游戏权利观存在显著性差异（P < 0.01）。进一步的分析发现，大专和本科学历的家长的儿童游戏观、游戏权内容观及游戏权保护观的得分显著高于高中及以下学历的家长，而且家长在这三个维度的得分总体上有随着学历的升高而升高的趋势；说明幼儿家长的受教育程度越高对儿童的游戏权利的看法越积极和正面。

　3. 不同班级幼儿家长对儿童游戏权利看法的差异分析

表6-5　　　　　　幼儿班级对家长儿童游戏权利观的影响

因变量	自变量（班级）			F	多重比较
	小班	中班	大班		
游戏观	4.16 ±.35	4.09 ±.39	3.87 ±.58	9.601 ***	a = b, a > c, b > c
游戏权内容观	4.71 ±.24	4.55 ±.35	4.44 ±.45	13.222 ***	a > b, a > c, b = c
游戏权保护观	4.21 ±.46	4.13 ±.47	4.01 ±.47	4.099 *	a = b, a > c, b = c

　　注：a = 小班，b = 中班，c = 大班；* 表示 P < 0.05，** 表示 P < 0.01，*** 表示 P < 0.001。

　　通过对父母亲的儿童游戏权利观的班级差异进行单因素方差分析（结果见表6-5）可以看出：不同班级幼儿的家长对儿童游戏权利的看法存在显著性差异。进一步的比较发现小班和中班家长的儿童游戏观得分显著高于大班；小班家长的游戏权内容观得分显著高于中班和大班；小班家长的游戏权保护观因子的得分显著高于大班。这充分说明儿童年龄越小，家长越能积极地看待儿童游戏及游戏权利，并且家长的这种观念随着儿童年龄的递增有下降的趋势。

4. 不同收入水平家长对儿童游戏权利看法的差异分析

表6-6 收入水平对家长儿童游戏权利观的影响

因变量	自变量（年收入水平）				F
	3万以下	3万—5万	5万—10万	10万以上	
游戏观	3.98 ±.55	3.97 ±.61	4.08 ±.40	4.04 ±.41	.886
游戏权内容观	4.53 ±.37	4.47 ±.47	4.62 ±.34	4.57 ±.31	2.180
游戏权保护观	4.14 ±.44	4.02 ±.53	4.15 ±.48	4.10 ±.40	.992

通过对父母亲的儿童游戏权利观的收入差异进行单因素方差分析（结果见表6-6）发现：不同收入水平的家长的儿童游戏权利观的得分没有显著性差异（$P > 0.05$）。由此说明现代家长不论收入水平的高低都比较看重儿童的游戏权利。

（二）幼儿教师儿童游戏权利观的比较分析

本部分主要探讨在教龄、职称、学历、专业、所在园所类型等变量方面幼儿教师对游戏权利看法的差异。考察方式则以教师个人人口学变量为自变量，幼儿教师的游戏权利观为因变量，分别对其进行独立样本 t 检验、单因素方差分析等，以了解不同背景变量方面幼儿教师游戏权利观的差异情况。

1. 不同教龄幼儿教师对儿童游戏权利看法的差异分析

表6-7 教龄对幼儿教师儿童游戏权利观的影响

因变量	自变量（教龄）				F	多重比较
	3年以下	3—5年	6—15年	16年以上		
游戏观	4.09 ±.30	4.04 ±.32	4.16 ±.25	4.17 ±.21	3.035 *	b < c，b < d
游戏权内容观	4.03 ±.52	4.06 ±.47	4.06 ±.51	4.16 ±.61	.590	
游戏权保护观	3.96 ±.55	4.1 ±1.46	4.16 ±.46	4.21 ±.54	2.722 *	a < c，a < d

注：a = 3年以下，b = 3—5年，c = 6—15年，d = 16年以上；* 表示 $P < 0.05$，** 表示 $P < 0.01$，*** 表示 $P < 0.001$。

通过对幼儿教师的儿童游戏权利观的教龄差异进行单因素方差分析（结果见表6－7）可以看出：不同教龄的幼儿教师在游戏权内容观上的得分没有显著性差异；但不同教龄的教师在游戏观和游戏权保护观上的得分存在显著性差异。进一步分析发现在游戏观上教龄为6年以上的教师的得分显著高于3—5年的教师；在游戏权保护观上教龄为3年以下的教师的得分显著低于教龄为6年以上的教师。由此说明教龄较长的教师比教龄短的教师对游戏的看法较为正面，在儿童游戏权保护的态度上也较为正面。

2. 不同职称幼儿教师对儿童游戏权利看法的差异分析

由于中国幼儿园教师没有独立的"专业技术评价体系"，在职称评聘中主要参照小学教师的评价体系，因此，研究者把被试职称划分为小学二级（简称"小二"）、小学一级（简称"小一"）和小学高级（简称"小高"）等三类职称，他们对儿童游戏权利看法的差异分析结果见表6－8。

表6－8　　　　　　　职称对幼儿教师儿童游戏权利观的影响

因变量	自变量（职称）				F	多重比较
	小高	小一	小二	未评		
游戏观	4.16±.22	4.16±.20	4.06±.34	4.09±.31	1.970	
游戏权内容观	4.08±.52	4.10±.53	3.99±.57	4.09±.51	.487	
游戏权保护观	4.26±.46	4.11±.48	4.23±.53	3.98±.51	4.097**	a>d, c>d

注：a = 高级，b = 中级，c = 初级，d = 未评；* 表示 $P < 0.05$，** 表示 $P < 0.01$，*** 表示 $P < 0.001$。

通过对幼儿教师的儿童游戏权利观的职称差异进行单因素方差分析（结果见表6－8）发现：不同职称的幼儿教师在儿童游戏观和游戏权内容观上的得分无显著性差异，但在游戏权保护观上的得分存在显著性差异，进一步分析发现职称为"小高"和"小二"的教师的得分显著高于刚入职的未评职称的教师。这说明职称较高的教师比职称较低的教师在儿童游戏权保护的看法上更为正面。

3. 不同学历幼儿教师对儿童游戏权利看法的差异分析

表6-9　　　　　　学历对幼儿教师儿童游戏权利观的影响

因变量	自变量（学历）			F	多重比较
	高中	大专	本科		
游戏观	4.13±.32	4.10±.29	4.17±.14	1.580	
游戏权内容观	4.01±.56	4.07±.51	4.15±.54	1.078	
游戏权保护观	3.98±.52	4.11±.50	4.28±.47	5.557**	a<c, b<c

注：a=高中，b=大专，c=本科；*表示 P<0.05，**表示 P<0.01，***表示 P<0.001。

通过对幼儿教师儿童游戏权利观的学历差异进行单因素方差分析（结果见表6-9）发现：不同学历的幼儿教师在游戏观和游戏权内容观上的得分无显著性差异，但在游戏权保护观上的得分存在显著性差异。进一步的分析发现本科学历的幼儿教师的游戏权保护得分显著高于大专及以下学历的幼儿教师。这说明学历较高的教师比学历较低的教师在儿童游戏权保护的看法上更为科学。

4. 不同专业背景的幼儿教师对儿童游戏权利看法的差异分析

表6-10　　　　专业背景对幼儿教师儿童游戏权利观的影响

因变量	自变量（专业）			F	多重比较
	学前	小教	其他		
游戏观	4.12±.30	4.15±.17	4.12±.24	.212	
游戏权内容观	4.07±.49	3.85±.65	4.21±.51	4.951**	a>b, c>b
游戏权保护观	4.07±.53	4.14±.54	4.12±.52	.087	

注：a=学前，b=小教，c=其他；*表示 P<0.05，**表示 P<0.01，***表示 P<0.001。

通过对幼儿教师儿童游戏权利观的专业背景差异进行单因素方差分析（结果见表6-10）可以看出：不同专业背景的幼儿教师在游戏观和游戏权保护观上的得分没有显著性差异，但在游戏权内容观上存在显著性差异。进一步的分析发现学前教育和其他专业背景教师的游戏权内容观得分显著高于小学教育专业背景的幼儿教师。这说明学前教育专业背景的教师能从专业的角度看待游戏权内容，其他专业背景的教师能从孩子的天性出发看待游戏权内容，而小学教育专业背景的教师会不自觉地从小学生的角度看待游戏和游戏权内容，故而得分显著较低。

5. 不同园类型的幼儿教师对儿童游戏权利看法的差异分析

表6－11　　　　园类型对幼儿教师儿童游戏权利观的影响

因变量	自变量（幼儿园类型）			F	多重比较
	公办	民办	其他		
游戏观	4.13±.31	4.09±.27	4.18±.17	1.985	
游戏权内容观	4.20±.51	3.99±.55	3.94±.46	6.246**	a>b, a>c
游戏权保护观	4.28±.50	4.03±.49	4.11±.42	12.245***	a>b, a>c

注：a=公办，b=民办，c=其他，＊表示P<0.05，＊＊表示P<0.01，＊＊＊表示P<0.001。

通过对幼儿教师的儿童游戏权利观园类型差异进行单因素方差分析（结果见表6－11）可以看出：不同园类型的幼儿教师在游戏观上的得分无显著性差异，但在游戏权内容观和游戏权保护观上的得分存在显著性差异。进一步的分析发现公办幼儿园教师的游戏权内容观和游戏权保护观的得分显著高于民办和其他类型的幼儿园教师。这可能与公办幼儿园教师的专业素养要高于民办和其他类型的幼儿园有关。

（三）幼儿教师和幼儿家长对儿童游戏权利看法的差异比较

表6－12　　　　幼儿教师和幼儿家长儿童游戏权利观的差异分析

因变量	自变量		t	df	P
	教师	家长			
游戏观	4.12±.27	4.03±.48	2.552*	502	.011
游戏权内容观	4.07±.53	4.56±.38	−11.929***	502	.000
游戏权保护观	4.11±.50	4.11±.47	.095	502	.924

＊表示P<0.05，＊＊表示P<0.01，＊＊＊表示P<0.001。

通过对幼儿教师和幼儿家长的儿童游戏权利观进行独立样本t检

验（结果见表 6 - 12）可以看出：在游戏观和游戏权内容观上幼儿教师和幼儿家长的得分存在显著性差异，具体而言在游戏观上幼儿教师得分显著高于幼儿家长，在游戏权内容观上幼儿家长得分则显著高于幼儿教师；但在游戏权保护观上教师和家长的得分则无显著性差异。

三　讨论与分析

（一）幼儿家长的儿童游戏权利观

1. 家长的儿童游戏权利观的年龄特征

总体而言，不同年龄家长在儿童游戏权利观上无显著性差异。这是由于现代家庭普遍的"少子化"趋势和经济条件的改善，致使家长不论其年龄的大小都比较看重游戏对儿童成长的正面影响。进一步考察各维度的得分，我们发现，家长在儿童游戏权利观的三个维度上存在一定差异，如游戏权内容观得分最高，其次为游戏权保护观，最低为游戏观。这反映出家长对于儿童游戏权利的看法总体上还是比较正面和积极的，不论家长的年龄如何。

2. 家长的儿童游戏权利观的学历特征

本书发现，学历是影响家长儿童游戏权利观的一个重要因素，不同学历家长的儿童游戏权利观存在显著性差异。进一步分析发现，大专和本科学历的家长在三个方面的得分显著高于高中及以下学历家长，而且学历越高，得分越高，这说明家长的儿童游戏权利观念与其知识素质的高低存在显著的正向的关联。原因可能在于：教育是影响一个人观念的重要因素，受过高等教育的家长在教育观念上可能更为先进，更能从儿童身心发展的角度看待儿童游戏，更具有权利意识，而没有受过高等教育的家长相对较落后。如一位农民工家长在被问到"玩是否会影响孩子学习时"这样答道："玩肯定会影响学习的，我当年读书时就是天天和调皮的学生混在一起，上课不认真听讲，下课后疯玩，作业经常抄别人的，要不然我也不会像现在这样干脏活累活，和你们一样坐办公室，有一份体面的工作。"可见，教育对个人游戏权利观念形成的重要程度，没有受过高等教育的家长可能更易把游戏与学习相互对立，把它作为学习对立面而应加以限制。而受过高等教育的家长能辩证地看待游戏与学习的关系，从而看到游戏对学习有促进作用的积极意义一面。

3. 不同班级幼儿家长的儿童游戏权利观

从调查结果看，孩子所在的幼儿园班级不同，家长的儿童游戏权利观存在显著性差异。进一步分析发现，小班和中班的幼儿家长在游戏观上的得分显著高于大班幼儿家长，而小班幼儿家长的游戏权内容观及游戏权保护观的得分均显著高于大班和中班幼儿家长，这说明儿童年龄越小，家长越能积极看待儿童游戏。分析其原因可能有二：一是家长在幼儿刚入园，可能更关心孩子在幼儿园的适应情况，能不能与其他小朋友友好相处，生活上能不能自立，有没有形成好的习惯，等等，因此较能积极地看待游戏的作用；而到了中班和大班，随着孩子上述能力的发展，在中国根深蒂固的"望子成龙，望女成凤"传统观念的影响下，再加上一些小学为了获得所谓的"好的生源"公然违背教育部门的禁令，组织入学考试或面试，并按成绩编班，使得家长由关注儿童的生活能力及行为习惯转变为关注他们的知识和技能的学习，游戏退居到次要的地位；如一位大班幼儿的家长在谈到游戏和学习关系时这样讲道："我其实也知道游戏对孩子来说比较重要，但我的经验告诉我不能太过于夸大游戏的作用，在幼儿园还是要强调多学点知识，一来是为小学作准备，二来也是为了养成好的学习习惯。像我们家贝贝，小班和中班都在一个很好的幼儿园里，硬件和软件都还不错，老师也不会逼着孩子学习，孩子在幼儿园是玩得开心，但现在却成为一个大问题了，不爱学习，做事拖拉，依赖性很强，专注度不够。所以，我觉得迟早是要学习的，为什么不早点学呢？"这也许能代表一部分家长的心声，另据山西省一项调查显示，90%以上的家长希望孩子到幼儿园"多学些知识"[1]。二是儿童观的偏差。这可能是最根本的因素，家长无论是在小班时看重还是在中班大班看轻游戏，都源于把孩子当作一种工具，作为家长附属的儿童观。虽然家长在小班时看重游戏，但那是为培养孩子自立能力、生活习惯服务的，最终还是指向家长的功利目的；而中班和大班家长的这种成人本

---

① 徐青：《农村幼儿园教育"小学化"倾向的成因及纠正和预防》，《林区教学》2010 年第 1 期。

位的儿童观更为明显，多让孩子学点知识不外乎让家长更有脸面。二者都没有看到儿童是一个独立人，有独立的人格权利和需要，没有看到游戏是儿童的天性，是儿童的内在需要，尊重儿童游戏其实就是尊重儿童的生命。

4. 家长的儿童游戏权利观的收入特征

总体而言，不同收入水平家长的儿童游戏观无明显差异，这充分说明收入对家长的儿童游戏权利观无影响，无论处在哪个收入水平的家长，由于家庭生养的孩子不多，大多基本摆脱了相对的经济贫困，大多较为看重儿童的游戏权利，大多对儿童有较高的期望。

（二）教师的儿童游戏权利观

1. 教师的儿童游戏权利观的教龄特征

从调查结果看，不同教龄幼儿教师的儿童游戏权利观存在显著性差异。进一步考察各维度发现，在游戏权利观和游戏权利保护观上不同教龄教师存在显著性差异，其中在游戏权利观上，教龄为6年以上的教师的得分显著高于3—5年及3年以下的教师；而在游戏权利保护观上，教龄为3年以下的教师的得分显著低于6年以上教师。这表明教师教龄越长，越能积极地看待儿童游戏，越能科学地保护儿童游戏权。仔细分析其原因可能有两个：一是教师专业发展是一个动态变化过程，总体上是经历从不成熟到成熟的变化过程，在这个过程中，教师的教育态度、价值观、教学策略和能力不断得到提升。他们对于儿童游戏权利的看法和态度也越来越理性，从教师在儿童游戏权利观的三个维度的得分上可以看出这一点，教龄越长，得分越高。二是入职五年内的教师处于专业发展的求生存及调整阶段，由于教学经验的缺乏，他们不断地摸索合适的教学方法和技巧，更多的时间是关注自身及自己的教学，对学生的关注较少。正如美国学者富勒所指出的，"一个专业教师的成长是经由关注自身、关注教学任务、最后才关注学生的学习以及自身对学生的影响这样的发展阶段而递进的"[1]。而对学生的关注恰恰是教师专业化水平提高的突出表现，这是在入职6

---

[1] Fuller, F. & Bown, O., *Becoming a Teacher. In K. Ryan（Ed.）*, *Teacher Education*, Chicago, IL: University of Chicago Press, 1975, p. 98.

年之后的教师才会慢慢将关注的焦点转移到学生身上，只有在教师的关注焦点从教学转移到学生之后，才能真正做到以学生为本。前面的调查数据较好地反映了6年之后的幼儿教师能更多地关注幼儿，关注幼儿的身心健康发展，对于游戏之于儿童的身心发展价值及儿童游戏权利的保护有更科学的认识。

2. 教师的儿童游戏权利观的职称特征

总体上看，"小高"职称教师的儿童游戏权利观的得分高于"小一""小二"及未评职称的教师。进一步考察各维度发现，不同职称教师在游戏观及游戏权内容观上得分无显著差异，但在游戏权保护观上存在显著差异。这说明虽然幼儿教师对儿童游戏及儿童游戏权内容的看法比较科学，有较为先进的观念，但在如何切实保护儿童游戏权上却认识不同。分析其原因可能在于：儿童游戏权保护是涉及理论与实践两个层面，光有理论知识是远远不够的，更多的是需要教师在日常教育教学实践活动中的经验积累。而职称是对一个教师教学理念、教学经验及教学成果的评价和肯定，职称越高，意味着他的专业知识和工作经验越丰富，在儿童游戏权保护上更到位。正如一个幼教高级教师所言："在孩子游戏的时候，教师一定要把安全放在第一位，经过这么多年，我总结了一条保护孩子游戏安全的法则——游戏前仔细检查、游戏中认真观察、游戏后用心收拾，这也使得我所带的班上近几年基本上没出什么大的游戏安全事故。"因此，随着职称的提高，他的儿童游戏权利保护观会更成熟、更先进、更科学。

3. 教师的儿童游戏权利观的学历特征

本书发现，学历也是影响教师的儿童游戏权利观的一个重要因素，不同学历教师的儿童游戏权利观存在显著差异。进一步考察各维度发现，在儿童游戏观及游戏权内容观上，教师的得分无显著差异，而在游戏权保护观上存在显著差异。总体上是大学本科学历的教师在游戏权保护上的得分显著高于大专及以下学历教师，而且呈现学历越高、得分越高的趋势。分析其原因可能在于：儿童游戏权的保护是一个涉及立法、司法及教育实践等多个层面的问题，对于它的认识既需要有一定的实践经验，也需要有一定的理论知识，而其中的理论知识更多的是涉及一个人的权利意识，它包括个体对自我权利的认知、主张和要求及对他人权利认知、主张和要求权利的社会评价两个方面；其中儿童游戏权保护观主要涉及的是教师对儿童游戏权利的认知、主张和评价这一方面。教师的儿童游戏权利意识形成与其受教育程度密切相关，从某种程度上讲，公民的文化素质与其权利意识是呈正相关，这在美国学者布莱克的研究中得到了证实，他用大量的调查材料揭示："文化的量与法律的量成正比，在不同的社会中，文化的量越大，法律的量也越大；在同一社会的不同地区，文化的量越大的地区，法律的量也越大，处于更高文化环境中的人，比其他人更好诉。"[①] 可见，学历越高，权利意识越强。幼儿教师的学历越高，其游戏权利意识也越强，在儿童游戏权保护观上更为合理。

4. 教师的儿童游戏权利观的专业特征

教师的专业背景也是影响其儿童游戏权利观的重要因素，从调查结果看，教师的总体得分较高，但在各维度上有所不同。不同学历教师在游戏观和游戏权保护观上无显著差异，而在游戏权内容观上存在显著差异。进一步分析发现，学前教育专业和其他专业背景的教师的儿童游戏权内容观得分显著高于小学教育专业背景的教师。仔细分析其原因可能有两个：一是游戏权内容涉及游戏的本质问题，对这个问题认识需要具备一定的专业素养。学前教育专业出身的教师由于在职前学习阶段基本上都接受过"儿童游戏"或"幼儿园游戏"等学前教育专业主干课程的学习，对儿童游戏及游戏在幼儿园中的地位有正确的认识，因此，他们基本上能从专业角度来正确看待儿童游戏。而相比之下，小学教育专业背景出身的教师往往没有接受过这样的专业课程学习，他们在职前接受的基本是面向小学生的教学知识和技能训练，在小学阶段，游戏被当作学习之外的一种娱乐活动而被放在不太重要的位置，因此，他们可能会自觉或不自觉地将幼儿园的孩子当作小学生来看待，而忽视游戏对学前儿童发展的意义。二是其他专业背景的教师虽然可能没有接受过儿童游戏这样的专业课程学习，但他们一到幼儿园，可能会立刻被儿童活泼好动、爱游戏的天性所感染，而

---

① 黄建武：《法的实现——法的一种社会学分析》，中国人民大学出版社1997年版，第87页。

不由自主地从儿童的天性出发，能较正面地看待儿童游戏。如一位体育教育专业的幼儿教师在谈到对儿童游戏理解时这样说道："每一个孩子都喜欢游戏，想想我们小的时候是怎么过来的，不都是大部分时间在玩吗？那时候像我们女孩子常玩丢手绢、扔沙包、跳皮筋、跳房子、踢毽子等游戏，而男孩子们则玩打弹弓、捉迷藏、滚铁圈、抽陀螺、捉强盗等游戏，虽然没有现在那么多电子游戏，但那些快乐的童年时光现在回忆起来依然很美好。所以，孩子是喜欢游戏的，尤其在幼儿园里，应该多给孩子们玩游戏的时间，童年时期快乐最重要。"

5. 教师的儿童游戏权利观的园类型特征

从调查结果看，不同园所类型幼儿教师的儿童游戏权利观存在显著差异，总体上是公办幼儿园教师的得分高于民办园及其他形式的幼儿园。进一步考察各维度发现，不同园所类型的幼儿教师在游戏观上无显著差异，但在游戏权内容观及游戏权保护观上的得分却存在显著差异，分析其原因可能在于：一是游戏在幼儿园里的基本地位已为中国多部幼教法规所明确规定，无论从幼儿教师接受的职前培训，或者在幼儿园里开展的实际教育教学活动，游戏都占据着重要的位置，这种对于游戏重视的共识已在大多数幼儿教师心中生成，这种共识可能使得教师在游戏观上的得分无显著差异。二是从中国幼教发展历程看，始终坚持"两条腿走路"的方针，公办园和民办园是当前两种主要办园形式，但这两种园所类型在生源、资金、设备、师资、户口、编制、职称等诸多方面存在巨大差异，尤其在教师队伍素质上。尽管民办园是中国幼教事业发展的主体，但总体上看，民办园及其他园所类型的师资无论在学历层次、专业水平、职业道德还是在综合素质上与公办园还有很大差距。教师队伍专业素养的差异可能是导致公办园教师在其他两个维度上的得分显著高于民办园及其他园所类型教师的原因所在。

（三）家长与教师的儿童游戏权利观的差异比较

从调查结果可以看出，教师和家长在儿童游戏权利观上存在一定差异，具体来讲，在游戏观和游戏权内容观上，教师及幼儿家长的得分存在显著性差异。其中在游戏观上教师的得分显著高于家长，但在游戏权内容观上则正好相反，家长的得分显著高于教师。在游戏权保护观上教师和家长的得分则无显著性差异。其原因可能有以下两个：第一，对儿童游戏的看法是需要一定的专业知识的，作为幼儿教师来说，对于游戏的重要性认识基本上达成了共识，因而在游戏观上得分较高。但家长们的素质参差不齐，更为重要的是大部分没有接受过这样的专业知识训练，对儿童游戏的看法可能相对比较主观，因此在游戏观上得分较低，这一点也能在前面的家长调查问卷反映出来。第二，在游戏权内容观上的得分恰好出现相反的状况，家长的得分反而比教师要高，这可能与游戏权内容观的题项设计有关，游戏权内容包括游戏自主权、游戏社会权及个体发展权等三方面内容，这三方面内容在问题设计上大都是指向幼儿园或者教师的。因此，教师在回答时可能会有一定顾虑，而家长则更多希望在幼儿园里保障儿童的游戏权，这或许是导致教师和家长在游戏权内容观上呈现显著差异的原因。

四　结论

（一）无论是家长还是幼儿教师，他们的儿童游戏权利观得分总体较高，但各维度总体上发展不平衡，其中儿童游戏观的得分要相对高于儿童游戏权内容观及儿童游戏权保护观。

（二）家长方面，总体上是家长的儿童游戏权利观与性别、年龄、收入无较大关联，但与家长的学历及孩子所在班级存在密切联系，具体而言，家长的儿童游戏权利观与家长的学历有正向关联，学历越高，观念越好；与之相反，家长儿童游戏权利观与其孩子所在班级成反比，孩子就读班级越低，其观念反而越先进。

（三）教师方面，总体上幼儿教师的儿童游戏权利观得分较高。在教师的儿童游戏权利观上，大致上是与教龄、职称、学历呈正相关，教龄越长、职称和学历越高，教师的观念也越好；但在专业背景方面，学前和其他专业背景的教师，相比小学教育专业背景的教师来说，观念越好；而在园所类型方面，公办园的教师相比民办园及其他类型的幼儿园教师来讲，观念上更先进。

（四）从家长与教师的儿童游戏权利观对比看，总体上得分二者都比较高，但在各维度上存在一定差别。其中游戏观上，教师要好于家长；但在游戏权内容观上，反而家长要好于教师；在游戏权保护观上，家长和教师无显著差异。

第二节　幼儿家长及教师对待儿童
游戏的行为观察

尽管幼儿家长和教师在儿童游戏权利观上的得分较高，观念较为先进，但是观念毕竟还是一种复杂的内隐综合体，从观念转变到行为的转变还是需要经历漫长的过程，能对儿童游戏权的切实保障有实质意义的还在于他们的行为，在于他们在日常生活和教学中能自觉地维护儿童的游戏权。鉴于此，研究者采取了观察法，以了解他们在现实中的教育行为是否与其观念一致，从而更好地为儿童游戏权的保护提出适宜性策略。

一　观察设计

（一）观察目的

由于儿童游戏权的保障涉及游戏时间、游戏空间、游戏材料及游戏安全等四个方面，因此为了了解幼儿家长和教师在日常生活和教学中的教育行为是否有利于儿童游戏权保障，本书主要围绕这四个方面进行观察，收集相关资料。

（二）观察对象

观察对象由观察目的决定，观察对象一般涉及被观察者及其行为，考虑到本书的目的主要是考察幼儿家长和教师在日常生活和教学中的教育行为是否有利于儿童游戏权保障，故本书的研究对象为幼儿家长和教师的实际教育行为。由于观察法并不要求大样本数量，故本书主要采用目的性抽样方式选取研究对象，以"抽取能够为研究问题提供最大信息量的人、地点和事件"①。由于当前中国城市化进程明显加快，大量人口涌入城市，城市居住模式使得儿童游戏的场所十分有限。A大学的大草坪大部分时间是开放的，因而吸引了很多孩子离

---

① 刘晶波：《师幼互动行为研究——我在幼儿园里看到了什么》，南京师范大学出版社2003年版，第49页。

园后在家长的陪同下来这玩耍嬉戏，故本书选取在该场地陪同孩子玩耍嬉戏的家长作为研究对象；而孩子在幼儿园里，对其游戏权保障起主要作用的是幼儿教师，故本书选取了两所幼儿园的小、中、大班的18位教师作为研究对象，以观察他们在组织幼儿游戏活动时的教育行为。研究者考虑取样的便利，仅在南京市进行取样，尽管研究结果可能不具有普遍性，但南京作为中国幼儿教育的高地，应该也能说明一些问题。

（三）观察实施

1. 观察者身份的确定

由于观察法非常强调被观察者的"自然状态"，即"研究者不控制或不干扰观察对象，使其保持常态"[1]。因此，为了观察最自然状态下的幼儿家长和教师的教育行为，本书将观察者身份确定为非参与者。由于对幼儿家长的观察是在 A 大学的草坪上，研究者可以在不暴露身份的情况下随意观察，故对幼儿家长采用隐蔽非参与观察方式；而对幼儿教师观察则无法做到不暴露身份，故采用非隐蔽的非参与观察方式。但为了尽量减少对被观察者的影响，获取真实客观的资料，研究者本着"尊重被研究者"的科研伦理精神，观察前先与幼儿教师说明情况，同时与幼儿教师在该班幼儿建立比较熟悉的关系，以取得他们的信任，在研究结束后对研究收集的资料进行保密。

2. 观察内容

由于儿童游戏权的内容主要包括游戏自由权和游戏社会权，故在实践中观察幼儿家长和教师行为时也应围绕这两个方面。考虑到儿童游戏时可观察的外显行为方便，本书将游戏自由权的观察项目分为游戏时间和游戏空间两个方面；将游戏社会权的观察项目分为游戏材料和游戏安全两个方面。对幼儿家长和教师的观察内容也基本上围绕这四个方面。鉴于对家长的观察主要在室外，对游戏空间及游戏材料较少涉及，故观察内容集中在游戏时间和游戏安全两方面；而对幼儿教师的观察则在幼儿园教室里，四个方面都能涉及，故观察内容也围绕这四个方面。

---

① 田学红：《教育科学研究方法指导》，浙江大学出版社 2006 年版，第 32 页。

3. 观察地点和时间

由于对幼儿家长和教师的观察地点分别是在室外草坪上及幼儿园教室里，幼儿的游戏时段不同，故对幼儿家长和教师的观察时间也不同。对幼儿家长的观察时段主要集中在幼儿离园后四点半至五点半这个时间段或者周末，由于对家长的观察是隐蔽非参与式观察，故未做预备观察，而是直接进入现场进行观察；而对幼儿教师则是非隐蔽的非参与观察方式，故在正式观察前需要做一周的预备的观察，以熟悉现场。在观察时间上，考虑到大部分班级都是在下午开展自由游戏活动，而在孩子自由游戏时间里更能发现儿童游戏权被侵害的现状，故将对幼儿教师的观察时间安排在每周一到周五的下午三点到四点这个时间段。

4. 观察记录方法

为了准确记录幼儿家长和教师的教育行为，本书采用事件取样法，它需要事先选择好要记录的行为或事件，在观察中只注意这些行为或事件，在现场进行判定并记录下来。[①] 故本书对幼儿家长和教师在游戏时间、游戏空间、游戏材料及游戏安全等四个方面出现的教育行为记录下来，研究者需要在观察现场静静观察和等待这些行为的出现，随时作记录，形成研究案例，供观察结束后整理和分析。

二　观察结果与分析

通过观察，研究者记录了数十个幼儿家长和教师在幼儿游戏时的行为表现案例，这里仅呈现四个典型案例作为详细分析的样本，其余案例将汇集起来作为分析幼儿家长和教师对幼儿游戏态度和行为的整体性分析依据，这四个案例的呈现顺序依次为：家长对幼儿游戏时间的观察案例、教师对幼儿游戏空间安排的观察案例、教师对幼儿游戏材料投放的观察案例、教师对幼儿游戏安全保障的观察案例。在每个案例呈现之前，有一个理论背景的交代；案例呈现之后，研究者将从游戏权保护角度对其进行深刻分析。

---

① ［美］沃伦·R. 本特森：《观察儿童——儿童行为观察记录指南》，于开莲、王银玲译，人民教育出版社 2009 年版，第 108 页。

（一）游戏时间

从游戏权内容看，儿童应是游戏的主人，他应该对游戏时间的安排有一定的自主权。然而，在当今幼教实践中，许多家长在"不让孩子输在起跑线上"这个口号的蛊惑下，为了让孩子多认几个字、多背几首诗、多算几道题、多掌握几项诸如音乐、绘画、舞蹈之类的技能，给孩子选择了各种各样的兴趣班，孩子们的生活被父母所严格规定的时间表所控制，游戏成为孩子们生活中难得的奢侈品，即使有少量的游戏时间，也往往被家长所严格控制，下面这个案例就反映了家长的这种功利思想。

案例 1：

"时间到了，该回家了！"

草坪上此时成了孩子们欢乐的海洋，他们三五成群，追逐着、嬉闹着，幸福的笑容洋溢在稚嫩的脸上，孩子的家长们有的站在草坪外面观看着，有的在一起聊天，有的则和孩子玩在一起。这时候，X 家长牵着 Y 幼儿来到了草坪，Y 幼儿见到眼前这幅场景开心极了，迫不及待地向草坪飞奔过去。X 家长则站在草坪外注视着 Y 幼儿的一举一动，只见 Y 幼儿先来到一个小朋友旁边，这个小朋友和他爸爸正在放风筝，风筝飘在空中非常美，Y 幼儿好奇地望着天上的风筝，高兴地拍着手，然后他也想伸手去拉风筝的线，小朋友不让，Y 幼儿很失望，但还是很开心地注视着空中的风筝；不一会儿，他看到几个小朋友蹲在草地上，他慢慢地走过去，原来他们正在玩纸牌游戏，这是一种植物大战僵尸的纸牌，孩子们很投入，Y 幼儿在旁边看了一会，然后也被允许加入进去，他们快乐地玩在了一起；大约过了十分钟左右，其中一个孩子站起来，飞快地跑着，其他孩子和 Y 幼儿也跟着跑了起来，追逐游戏开始了。只见他们从草坪东面跑到西面，又从西面跑到南面，在草坪上来回奔跑着，欢呼声不绝于耳。正当他们乐此不疲地追逐和打闹时，X 家长走进草坪，拉着 Y 幼儿的手要回离开，但 Y 幼儿挣脱 X 家长的手，又去追赶小伙伴们。家长生气地看了一下手机，再一次跑过去抓住 Y 幼儿的手往草坪外拽，Y 幼儿被强行带出来了，脸上露出沮丧的表情，恋恋不舍地跟着 X 家长回家了。

从上面这个案例可以看出，这个家长给孩子自由游戏的时间还不够，在孩子玩得很开心的时候强行中断了游戏，实质上是侵犯了儿童的游戏权。后经了解得知，家长和孩子有个约定，每天只能在离园后玩20分钟，然后回家吃饭，晚上还得赶去上数学培训班（该幼儿算术能力较差）。但到底该给多长的自由游戏时间比较合适，目前还没有定论，而且也不可能有定论，这要看具体的游戏情境和幼儿的个体状况。一般而言，每天让孩子有30分钟至50分钟的自由游戏时间比较合适，如果这个时间很难保证的话，至少应选择在孩子玩完某一个游戏或者对这个游戏失去兴趣时结束，在孩子玩得很尽兴时强行终止游戏是不合理的。

（二）游戏空间

除了要有足够的游戏时间之外，还得有足够的游戏空间。空间的大小与安排会影响儿童游戏的品质，从另外一个角度看，儿童游戏空间的不足是对儿童游戏权利的漠视。下面这个案例就反映了儿童游戏空间的安排不合理导致的后果。

案例2：

"让我过去"

这个时间段是孩子们的自由游戏时间，活动室里充斥着孩子们呐喊声、脚步声及教师的训斥声。透过活动室的玻璃窗往里面一看，发现孩子们有的在区角里安静地游戏，有的在活动室中间奔跑着，有的则在几个区角里来回走动，有两个男孩争吵着厮打在了一起，教师的训斥声正是指向这两个争吵的孩子。在教师的训斥下，不一会儿，活动室里安静了许多，孩子们静静地玩着各自的游戏。但过了没多久，又有两个孩子争吵起来了，他们你推我搡，互不相让，老师询问道："怎么回事呢？轩轩"，"他在背后推我"，轩轩答道。"楠楠，你为什么推他呢？"老师问道，"他挡着我"，楠楠答道。原来楠楠去美工区拿他昨天的作品，看见轩轩堵在路中间，他就闯了过去，两个孩子才发生了争执。在老师的调解下，两个孩子友好地握了握手，各自玩各自的游戏去了。

这个案例反映了幼儿园自由游戏时的空间安排出了问题，研究者后来仔细观察了活动室的空间安排，发现各个区角错落有致地分布在活动室的各个角落，其中娃娃家放在了活动室外的走廊上，活动室中间放了两张桌子，其中一个是孩子们下棋用的，另外一张桌子上摆放着孩子的美工作品。这显然是一个很拥挤的游戏环境，在孩子们自由游戏时间里，应保证足够的游戏空间，虽然各个区角安排有序，但是活动室中间两个桌子则显然是儿童游戏的障碍，它的存在使儿童自由地穿梭于各个区角受限，攻击性行为难免发生。可见，游戏空间是儿童游戏质量的一个重要指标，保障足够的游戏空间需要教师的智慧，需要教师创造性地利用现有空间，使儿童游戏顺利进行。

（三）游戏材料

皮亚杰指出："智慧既不是从自我知识开始，也不是从事物本身的知识开始，而是从它们相互作用的知识开始的。"① 儿童在游戏中获得认知结构的建构与发展也是通过与游戏材料的互动实现的，游戏材料是否充足关系到儿童的发展，也关系到儿童游戏权利的实现。下面这个案例就反映了儿童游戏时因游戏材料不足带来的后果。

案 例 3：

"我们做完了"

这是一堂关于"水的浮力"的科学活动课，教师先给幼儿播放了几张游客在死海上漂浮的照片，调动儿童对浮力探索的兴趣，然后引导幼儿讨论为什么人在水里不会沉下去。教师归纳总结了之后，开始给孩子们演示起了实验，先把一个鸡蛋放入水杯里，"沉下去了"孩子们七嘴八舌地说着。"现在啊，老师要让这个鸡蛋浮起来，请大家睁大眼睛看噢！"老师说道。孩子们聚精会神地注视着水里的鸡蛋，老师然后往水里加入少许盐，鸡蛋慢慢地浮上来了。"浮起来了！""好奇怪耶！"孩子们高兴地拍起了小手。老师对这一现象进行了详细讲解之后，然后又将几种物体放在水中一一实验，在简单地归纳了浮力原理之后，老师让孩子们分成几个小组，每个小组四个人，开始

---

① 李燕：《游戏与儿童发展》，浙江教育出版社 2008 年版，第 260 页。

进行物体沉浮的探索游戏。老师给每个小组准备了一盆水、一个鸡蛋、一小碟盐、一个铁钉、一个塑料叉子、一个皮球，孩子们开始自由地探索着，体验着发现的乐趣，没过多久，两个小组的孩子们探索完了，他们开始到其他小组去观看，并围在一起讨论着。教师见状，急忙让这些孩子回到自己的小组去，再给他们提供了一些材料探索。但不一会儿，其他组也完成了，同样也出现了串组现象，教师以同样的方式处理，整个活动教师都在忙着给孩子们添加材料，没有时间仔细观察孩子们的探索活动及进行适时的指导。

这个案例反映了幼儿园在组织教学活动时，由于游戏材料准备不充分导致教师疲于应付的现象。在科学发现活动中，应保证每个小组有足够的、在探究相互作用和关系中起关键作用的材料，这些材料不一定要与幼儿人数相等，但起码应利于幼儿认识材料特性、发现相应关系及获得相关知识经验。在本案例中，探索"水的浮力"这样的物理现象时，起码应提供五六种在水中会沉下去的物品，五六种会浮上来的物品，还需要提供一些让幼儿感到意外的物品。比如，可以加些糖或味精之类与盐相似的物品，其他生活中幼儿常见的沉浮材料，生鸡蛋和熟鸡蛋等；另外，教师也可以在现场多提供一些实验中没有涉及的物品，让幼儿根据自己的兴趣需要自由选择探索材料，保证儿童有足够的探索材料及充分的自由。

（四）游戏安全

确保儿童游戏安全是游戏权的重要内容，除了各种游戏娱乐设施及玩具可能造成儿童身体伤害之外，儿童的心理亦有不受游戏伤害的权利，相比身体伤害更为显性的特点，心理伤害更为隐蔽，危害更大。鉴于网络上报道了儿童在现实生活中模仿动画片中的暴力镜头造成儿童生命危险的事件①，研究者特意对幼儿园里幼儿观看的动画片进行观察，请看下面这个案例。

———————————

① 连云港 9 岁男童模仿《喜羊羊与灰太狼》中"灰太狼烤全羊"的情节，将同村 5 岁、8 岁两名小伙伴，绑在树上点火烧成重伤。参见人民网 http://media.people.com.cn/n/2013/0519/c40606-21531201.html。

案例4：

"光头强是个大笨蛋"

孩子们陆陆续续醒来了，老师和保育员依次给每个孩子穿好衣服和鞋子，穿好后他们有的上厕所，有的去喝水，有的吃水果。这时老师也把 DVD 打开了，随手把一个碟子放进去，播放这段时间热播的动画片《熊出没》其中一集《超级电锯》，老师让先完成的幼儿依次坐在位置上观看动画片。动画片的声音吸引了孩子们，就连正在穿衣的幼儿也都不由自主地把头转向电视屏幕，欣赏着动画片的精彩画面。这一集讲的是光头强带着电锯去锯树，结果被熊大和熊二打败了，电锯也都被他们没收，并且趁光头强不在家时，把所有电锯都毁坏了。之后光头强制造了一把超级电锯，再次来森林里锯树，熊大和熊二为保护森林，与之进行了坚决的斗争，最后通过欺骗光头强风筝给电锯充电，让光头强抢到风筝，在给电锯充电时强大的闪电把超级电锯毁了。十几分钟的动画片很快就放完了，孩子们也都收拾整理好了静坐在各自位置上，等待教师组织下一个活动。

在幼儿的等待时间里，让幼儿看动画片无可非议，但是动画片的选择还是很重要的，因为儿童的模仿能力很强，成人应给儿童提供正面积极内容的动画片。从这个案例看，老师在选择动画片时往往都是很随意的，甚至老师自己都没有仔细看过这样的动画片，没有认真研究这些动画片哪些内容不适合儿童观看。就该动画片来说，整个剧情充斥着暴力色彩，超级电锯本身就是一个充满暴力的工具，光头强带着它去锯树，在受到熊大和熊二阻止时把它当作武器；再加上些诸如"见鬼""臭狗熊""受死吧""阴魂不散""大傻子"等暴力语言，使得这集动画片充满暴力。给孩子们看这样的动画片，他们的心理能不受影响吗？何况，从游戏权利角度看，这也是侵犯儿童游戏权利的表现，因为儿童有在游戏时心理不受伤害的权利。

三　讨论

当然，前面所呈现的四个案例只是研究者处于研究需要着重记录的典型性行为，不具有普遍性。幼儿家长和教师在儿童游戏保护上还是存在一些积极行为的，比如研究者在大草坪上观察到，一些家长还是对孩子的游戏时间未做限制的，他们会陪伴孩子很长时间在那玩耍，研究者也从他们口中了解到他们的儿童游戏权观念比较先进，如一位80后家长在谈到孩子玩这个事情时说道："现在的孩子已经够累了，在幼儿园里忙完一天，放学后就应该让他多玩玩。像我们家贝贝，每天从幼儿园回来我都会带他来这，享受与孩子们快乐玩耍的美好时光，直到他玩累了，我们就回家。想想我们那个时候，都没有上过幼儿园，上学前基本上都是在玩，现在不是也挺好的。网上不是也有对现在孩子学习这么累的讨论，教育专家都说了，玩是孩子的权利，不能将它剥夺。所以我认为啊，孩子很小的时候就该让他玩，进入小学之后，他自然能跟上。"虽然在观念上有此认识的家长不少，但能够转化为实际教育行为的还不多。另外，幼儿教师的儿童游戏权利观从前面问卷的调查情况反映看较为先进，但是从研究者观察收集的几个案例看，部分教师的观念与行为之间也存在一定的差异性。当然，这也不具有普遍性，研究者也在实践中观察到了一些有利于保障儿童游戏权的积极行为，请看下面这个案例。

案例5：

"他们去哪儿了？"

雷雨过后，空气异常清晰，老师带着孩子们走出教室，来到操场上玩起了"老鹰抓小鸡"游戏，孩子们欢呼雀跃地跟着老师从教室里跑出来。孩子们对这个游戏非常感兴趣，但没过多久，老师发现强强和乐乐两位小朋友不见了，原来他们俩蹲在草地上，互相比画着、议论着。老师在安顿好其他小朋友继续游戏后，气冲冲地走上前去质问道："你们俩在干什么？为什么不一起做游戏？"两小朋友被老师的质问吓到了，怯生生地答道："'老鹰抓小鸡'的游戏不好玩，我们在看蚯蚓呢！"原来，雨后一些蚯蚓爬出来，吸引了他们的注意，他们在看蚯蚓，并讨论着蚯蚓的生活习性。这时老师的怒气消了很多，没有把他们强拉进老师组织的游戏活动，而是尊重他们的兴趣，对他们俩说："你们好好观察，完了把你们观察到有趣的事情，告诉老师和小朋友好不好？""好！……"他们兴奋地答道，继续从事他们的观察蚯蚓活动。

这个案例就反映了老师对孩子游戏权的尊重，儿童是游戏的主人，游戏是儿童的游戏。在幼儿园的孩子眼中往往会有"老师的游戏"和"我们的游戏"之分，这种区分其实就反映了教师在儿童游戏中是充当"掌控者"还是"守望者"的角色。当儿童对教师组织的游戏失去兴趣的时候，他们往往会被更感兴趣的事物吸引，教师这时候如果把他们强行带回"老师的游戏"，可能会遭到孩子们的抵触，或者即使拉进来了，游戏的效果也不会很好。更何况，儿童游戏权的内容之一就是游戏自主权，应给孩子们自主选择游戏的权利，强行拉回来某种程度上讲也是对儿童游戏权的侵犯。

总之，通过前面的问卷调查可以看出，教师和家长对儿童游戏权利的看法和态度有些是比较科学和先进的。但在实践中表现出来的教育行为却千差万别，有的行为对儿童游戏权保障来说是积极行为，有的则是消极行为。这也充分说明教育观念与教育行为之间既可能存在一致性，也可能存在差异性。

第三节　小结

从上面的调查结果我们可以看出，幼儿家长及教师的儿童游戏权利观总体得分较高，观念较为先进。但这种较为先进的观念是否必然转化为先进的教育行为，答案是否定的，尽管马克思曾经对观念在人们实践活动中的重要性有过精辟论述："最蹩脚的建筑师从一开始就比最灵巧的蜜蜂高明的地方，是他用蜂蜡建筑蜂房之前，已经在自己的头脑中把它建成了。劳动过程结束时得到的结果，在这个过程开始时就已经在劳动者的表象中存在着，即已经观念地存在着。"① 但是从观念到行为是要经历复杂的心理加工过程，其中又受制于诸多因素的影响。因此，观念与行为之间不是简单的此决定彼的关系，二者紧密联系、相互影响相互制约，既存在一致性，也存在差异性。这也就

---

① 《马克思恩格斯全集》（第23卷），人民出版社1972年版，第202页。

是为什么现实生活中大量存在能说但不能做，或者说一套、做一套等言行不一的现象。幼儿家长和教师的儿童游戏权利观的转化同样如此，只有当他们的儿童游戏权利观真正落实到了教育实际，成为一种行动自觉，这种先进的儿童游戏权利观念方可称之为有效的观念。

从理论上讲，观念到行为的转化，要经历由"显概念"向"潜概念"转变过程。即我们刚开始往往只是听说或者知道某一观念的名称或概念，知道这种观念是正确的，但并不能真正理解，也谈不上完全内化。这种观念对我们而言还处在"显概念"水平，即只是"应该如何做"的观念，属于"倡导的理论"（espoused theories）或"社会的观念"。① 这种观念对人们的实际行为不会有太大的影响，人们的实际行为即使有所改善，也大多带有偶然性、多变性和不自觉性等特点。在此基础上，人们通过不断的学习和实践，对这些观念逐渐领悟并内化为"自我概念"，这种"自我概念"是人们在实际生活中实实在在"运用的理论"（theories‒in‒use），是一种"潜概念"，是能对教育实际产生积极影响的有效观念。一种先进的观念能否成为有效的观念，能否产生先进的实际行为，这需要推动观念中的"显概念"向"潜概念"转变，这种转变是受制于主客观多方面的因素。儿童游戏权利观亦是如此，幼儿家长和教师虽然从调查结果看比较先进，但仍处于"显概念"阶段，要真正理解和内化这种观念，成为他们的行动自觉，必须实现由"显概念"向"潜概念"转变，这一方面与教师和家长的认识水平、个体特质、情绪情感有关，另一方面也与其所处的客观环境及文化传统有关。但最为重要的是要树立科学的儿童观和儿童游戏观，增强民众尤其是儿童的权利意识，同时加强这些观念的宣传，营造一个尊重儿童、尊重儿童游戏权的社会环境。

---

① 庞丽娟等：《论教师教育观念与教育行为的关系》，《教育研究》2000 年第 7 期。

第七章　保障与实现：儿童游戏权实现的对策与建议

第一节　观念层面的儿童游戏权保护

观念是行动的先导，但从观念到行动要经历漫长的历程，不仅研究者自身的研究取向要经历一个从提倡观念到诉求行为的转变，而且广大教师、家长也要经历一个转化的过程，甚至儿童自我意识和自我认同也有一个转化过程。① 只有各方面都转化了，科学的儿童游戏权利观才能变成从教育研究者到广大民众甚至儿童自身的行动的自觉，而且这种转化不是一蹴而就的。如前所述，幼儿家长和教师的儿童游戏权利观较为先进，但仅仅处于"显概念"阶段，要转变成为他们在日常生活和教育实践中的"潜概念"，则受制于诸多因素。研究者认为，在这些因素里尤为重要的是儿童观、儿童游戏观以及权利意识三方面。其中儿童观的转变是根本因素，众所周知，儿童观是人们对儿童的基本看法和态度，所有与儿童利益相关的事物都取决于人们对儿童的态度，换句话来说，人们的儿童观某种程度上决定了儿童的命运；儿童游戏观及权利意识的转变是重要保证，儿童游戏观涉及人们对儿童游戏的科学认识，没有人们儿童游戏的理解和内化，它不可能上升为一项权利；而权利意识则是个体对自身及他人的权利认知、主张和要求，这是儿童游戏权利观被人们所领悟和内化的重要社会环

① 王海英：《20 世纪中国儿童观研究的反思》，《华东师范大学学报》（教育科学版）2008 年第 2 期。

境，三者缺一不可，共同促成民众儿童游戏权利观的转变。

一　树立科学的儿童观

前面关于儿童观历史演变的论述为我们呈现了一部人们对儿童看待与对待的进步史，从最初的无意识到看作私有财产再到儿童与成人的区分，以及儿童中心观念的形成，儿童的道德地位逐渐提升，人们对看待儿童和对待儿童从野蛮走向文明。但是，时至今日，儿童的生存状况仍然令人担忧，儿童权利被侵害的现象仍然相当普遍，树立科学的儿童观仍然是一个任重道远的使命。什么样的儿童观是我们这个时代所需要的，何为科学的儿童观，学者姚伟在其著作《儿童观及其时代性转换》中阐述得比较详细，作者指出，儿童是人，这是构建科学儿童观的基本点。儿童作为人，是自然存在于社会存在的统一，同时儿童又是权利主体，具有成人平等的价值与尊严。因此，儿童是自然的存在，儿童是社会的存在，儿童是权利的主体，三者的统一构成了当代儿童观的完整结构。① 作者对于儿童观的深入反思确实给我们研究儿童观提供了一个新的思路，但是细想一下，研究者认为"儿童是权利主体"足以涵盖科学的儿童观。首先，这种三位一体的儿童观在逻辑上存在一定的问题，因为"儿童是自然的存在"和"儿童是社会的存在"二者与"儿童是权利主体"不在一个层面上，换言之，"儿童是自然的存在"和"儿童是社会的存在"是从"儿童是人"这个概念出发，而儿童是权利主体则是从"儿童是特殊的人"这个概念出发，而"儿童是特殊的人"其实就包含了"儿童是人"这一概念。"儿童是人"强调的是儿童和成人一样拥有人的价值和尊严，应给予平等的对待和照顾，这里的"人"是一个理性的成年人；而"儿童是特殊的人"则强调的是儿童的非成人状态，更多地要求我们不平等地对待儿童，这种不平等地对待是一种优待，把儿童看作权利主体就体现了这种优待。因此，从这个意义上讲，儿童是权利主体暗含了儿童与成人平等地位以及儿童需要成人给予特殊的保护和照顾这两层含义，体现了科学儿童观的全部内容。其次，当今时代是一个迈

① 姚伟：《儿童观及其时代性转换》，东北师范大学出版社 2007 年版，第 150 页。

向权利的时代，是一个权利备受关注的时代，是一个权利话语日益彰显的时代，从权利角度来思考和解决社会问题已成为我们的习惯性思维方式。因此，看待和对待儿童也应顺应这种时代潮流，《儿童权利公约》的通过就是对这种时代潮流的回应。在儿童观中注入权利因素也成为时代发展的必然要求，因此，"儿童是权利主体"作为科学的儿童观是对权利时代到来的回应。需要指出的是，"儿童是权利主体"包含了这样对待儿童权利的价值追求，儿童不仅仅是被动的、消极的、需要成人保护和照顾的客体，更是一个积极主动的权利主体，尤其是在需要儿童自治、儿童又能够自治的那些利益面前，儿童作为积极主动的权利主体的一面体现得淋漓尽致。综上所述，树立科学的儿童观就是要让整个社会的民众都这样看待和对待儿童——儿童是权利主体。

二　树立科学的儿童游戏观

人们对儿童游戏的看法也是经历了从无意识到粗浅认识再到逐步深化进而科学化的历程。与儿童观的演变历程不同的是，人们对儿童游戏的长时间处于无意识状态，直到 19 世纪末才真正进入研究者的视野，成为各个学科的研究焦点问题，进而也大致形成了游戏娱乐观、游戏本能观、游戏发展观以及游戏权利观等四种儿童游戏观。在这四种儿童游戏观里，仔细推敲一下会发现，其实游戏权利观是综合了前面三种儿童游戏观，因为，把游戏看作儿童的一项基本权利的理论基础是来源于前面三种游戏观。一般认为，《儿童权利公约》的通过是儿童游戏权利观确立的标志，之所以会在《儿童权利公约》中规定儿童游戏权，主要是因为人们对儿童游戏已经形成了较为科学的认识。游戏对儿童来说，和吃、喝、拉、撒、睡一样是儿童的一种基本需要，无论何时何地，他都可以玩起来，玩得很高兴，而且通常是自然发生的；游戏除了是一种自发的、自然的活动之外，还能给儿童带来快乐，游戏通常是在愉悦的情绪下进行并且这种愉悦情绪会一直伴随游戏进程的展开，这也就是为什么儿童在游戏时如此全身心投入，不知疲倦，因为游戏的有趣、好玩，它与狭义上的学习是对立的，狭义上的学习更多是一种任务，带有目的性，而游戏却无任何外在目的，是一种过程本身就是结果的自成目的性；此外，从游戏的副产品看，游戏虽然没有任何外在目的，但儿童游戏在客观上却会带来促进儿童身心发展的结果，这种附带产品是纯粹游戏的必然结果，因此，游戏促进儿童身心发展是意料之中又是意料之外的结果。可见，游戏不光是儿童的本能需要，而且还具有娱乐和发展双重功效，基于这种认识，人们把游戏规定为儿童的一项基本权利并加以保护就有足够的理由，而且儿童游戏权利观的确立也更有利于对儿童游戏的全面保护。综上所述，树立科学的儿童游戏观就是要让整个社会的民众都这样看待和对待儿童游戏——游戏是儿童的一项基本权利。

三　增强儿童及公众的权利意识

权利是法律的核心内容，没有权利，法律将空洞无物。而权利的真正实现，有赖于权利意识的支持。权利意识是每个公民所具有的同等的尊严和政治、经济及社会待遇，并按照法律规定行使自己的权利。尤其是指当其权利受到损害时，依照正当的法律途径维护自身权益的一种心理反应。权利意识在当代中国法治进程中特别重要，可以这么说，没有权利意识，就不会有权利的真正实现；没有权利的实现，就不会有公民对法律的信仰；没有公民对法律的信仰，法治将失去其精神意蕴而不复存在。所谓权利意识是指特定社会的成员对自我利益和自由的认知、主张和要求，以及对他人认知、主张和要求利益和自由的社会评价。① 它涉及个体对自我权利的认知、主张和要求及对他人认知、主张和要求权利的社会评价两个方面，二者紧密结合，犹如一架车的两个轮子，是并存而缺一不可的。就儿童游戏权保障来说，权利意识的提高涉及儿童及公众两方面，一方面需要提高儿童自身对于游戏权利的认识，学会捍卫自身的游戏权，另一方面需要社会大众对儿童享有游戏权有充分的认识，自觉维护和保障儿童游戏权的实现。只有这两方面都提高了，儿童游戏权才有可能得到最大限度的维护。

当然，权利意识的培养与提高是一个系统工程，需要家庭、学校

---

① 夏勇：《走向权利的时代——中国公民权利发展研究》，社会科学文献出版社2004年版，第34页。

（幼儿园）及社会的共同努力。就儿童游戏权而言，在家庭里，父母要加强法律知识尤其是与儿童权利相关的法律知识的学习，自己首先得知法、懂法、守法。然后得在家庭里对孩子进行权利启蒙教育，让孩子知道他有权利做什么事情，哪些事情是无权利且必须遵守的；而在学校（幼儿园）里，应改变传统的"规训化"教育，确立儿童主体性教育，使儿童成为他自己，而不是成为工具，儿童主体性教育是一种民主平等的教育，儿童得到了应有的尊重，这对权利意识培养有积极意义；而在社会上，可以通过普法教育来提升公众的权利意识，普法教育的形式可以是发传单、听报告、学法条，更为重要的是应着力从内心深处影响公众对法律的态度，把儿童游戏权思想内化。英国在提升公众游戏权利意识方面做了大量工作，其中的民间游戏组织发挥着巨大作用，英国国内有为数众多的以"游戏"命名的民间游戏组织，他们在为儿童游戏提供场地、设施、材料的同时，也在开展儿童游戏方面的研究工作。这些研究结论不光是政府制定游戏政策的依据，更为重要的是它在提升公众对于儿童游戏价值的认识，以及对公众游戏权利意识的增强发挥着潜移默化的作用。因此，营造一个尊重儿童、尊重儿童游戏的社会环境，是增强儿童和公众权利意识的根本出路。

第二节　实践层面的儿童游戏权保护

如前所述，儿童游戏权兼具自由权和社会权双重属性，在实践层面对儿童游戏权的保护应紧紧围绕游戏自由权和游戏社会权两方面来探讨。考虑到学前儿童游戏的特点，他们的游戏一般是在一定的时空中，并借助一定的游戏材料等进行的。因此，儿童游戏权的实现离不开上述游戏诸要素的充分保障。值得注意的是，尽管时间、空间和材料等只是儿童游戏的必要条件，有了足够的时间、空间和材料，儿童的游戏不一定会充分发生，儿童游戏的质量不一定会很高，但缺乏足够的时间、空间和材料，儿童的游戏一定不会充分发生，儿童游戏的质量一定不会很高。为此，本书将儿童游戏自由权的保障聚焦于游戏时间和游戏空间两方面来探讨，而将游戏社会权的保障聚焦在游戏材料和游戏安全两方面来探讨。

一　游戏自由权的保障

（一）保障儿童的游戏时间

充足的游戏时间是儿童游戏权实现的重要条件，因为有足够的时间，儿童才会从容地玩，尤其是在一些高水平的戏剧游戏和建构游戏中，儿童需要花大量时间去计划和实施，那多长时间才算充足呢？目前国内幼教法规无明确规定，只有零星法条对儿童户外活动时间做了规定，如《幼儿园工作规程》（1996）中第12条及《托儿所幼儿园卫生保健工作规范》（2012）中第二部分第三条对幼儿户外活动时间有具体规定：全日制儿童每天不少于2小时，寄宿制儿童每天不少于3小时。国外学者对儿童游戏时间与游戏品质之间关系做了大量研究，格里芬（Griffing）1983年的研究认为，"一般而言，对幼儿园或更小的幼儿，至少需要三十至五十分钟的自由游戏时间，这么长的时间才足以让他们去寻找玩伴、选择角色、利用资源、设计故事情节、展现游戏技巧并进而实现游戏的戏剧性"[1]。如果时间太短，孩子们根本无法完成游戏，更不用说达到促进身心发展的积极效果。国外另一项研究也表明，"儿童游戏时间应在三十分钟以上，孩子们在收拾玩具的时候，并没有停止想象活动，老师应再给予孩子们十至十五分钟的时间来完成角色扮演，因此，幼稚园的游戏时间不应少于四十五分钟，游戏时间愈长，效果愈好"[2]。可见，幼儿园里儿童每天自由游戏时间应以不低于五十分钟左右为宜。鉴于幼儿园是以游戏为基本活动，教学性游戏时间可能会比较多，在这种教学性游戏与本体性游戏无法截然分开的情况下，研究者认为，从保障儿童游戏权角度出发，应确保儿童在幼儿园里每天至少应有不低于五十分钟的自由游戏时间，这里的自由游戏时间也包括户外游戏时间在内，根据小班、中班、大班幼儿的身心发展需要，自由游戏时间可依次递增，以满足不同年龄段学前儿童的游戏需求。

游戏时间在幼儿园里要得到充分保证，在家里也一样，父母也应

---

[1] Griffing, P. , *Encouraging Dramatic Play in Early Childhood*, Young Children, 1983, pp. 13 – 22.

[2] 吴幸玲：《儿童游戏与发展》，杨智文化事业股份有限公司2001年版，第115页。

抽出一定时间陪孩子玩。国外大量研究都证实了亲子游戏对儿童的认知、社会性及情绪情感发展有积极意义。早期的亲子游戏研究集中在母亲一方，研究结果也都表明母亲参与儿童游戏会带来许多益处，如产生更多的高水平的装扮游戏，培养有安全型依恋的孩子，让孩子学会诸如轮流、分享之类的重要社会技能。[①] 但近年来，随着教养方式的变化，父亲在养育孩子过程中的作用越来越重要，一些研究者也开始关注父亲在亲子游戏中的作用。鲍尔（Power）2004 年研究表明父亲在儿童成长中最基本的角色是作为一个玩伴，父亲的主要抚养行为是与孩子共同做游戏。与父亲的游戏使儿童逐渐摆脱对母亲的依恋，诱发儿童对外部世界的好奇，而成功的探索经验又会使他们获得自信，面对陌生环境时会表现出勇气。麦克唐纳（Macdonald）等人对父母在家庭中开展的游戏的研究表明，父亲积极发起并参与儿童游戏，尤其是体育游戏，与儿童的同伴交往能力呈正相关，这些儿童在幼儿园中普遍受到同伴的欢迎，并具有一定的交往技巧。[②] 总的来说，父母在亲子游戏中虽然角色不太相同，但对儿童身心发展能产生积极影响是相同的。不过，游戏毕竟是儿童自由、自愿和自主的活动，父母过度参与儿童游戏可能会带来消极影响，国外相关研究揭示了父母对儿童游戏的参与程度及其有效性具有一种倒置的"U"形关系[③]，即不参与或者过度参与儿童游戏是不可取的，只有适度地参与儿童游戏才能对儿童产生积极影响。可见，父母的确应在家里抽出一定时间陪孩子玩，但也要注意适度。

（二）保障儿童的游戏空间

儿童游戏是在一定空间范围内进行的，游戏空间及其安排方式对儿童游戏的类型、数量和质量有着重要影响，其中户外和室内是儿童的两个重要游戏空间。

---

① ［美］约翰逊等：《儿童游戏》，吴幸玲等译，杨智文化事业股份有限公司 2003 年版，第 336 页。

② 陈帼眉等：《亲子游戏有待开发》，《学前教育》1996 年第 6 期。

③ 对此 Fein 和 Fryer 解释道：对子女疏远及较间接之母亲，其对子女有较小之影响力；而较介入式及教导性较强之母亲，对其子女产生负向影响；但是提供直接建议，死缠着孩子玩假装游戏及参与孩子之假装互动游戏之母亲，对其子女有正向之影响。

1. 户外游戏场地

户外游戏活动是儿童最喜欢的活动之一，因为它意味着更多的自由和快乐，可以尽情地进行奔跑、跳跃、攀登等大肌肉运动游戏，对儿童身心健康发展也是非常有利的。因此，《幼儿园工作规程》中第12条明确规定，儿童每日户外活动时间不得少于2小时，寄宿制幼儿园不得少于3小时。此外，对户外游戏场地的面积及设计要求，中国幼教法规也作了相应规定，《幼儿园工作规程》中第30条就规定了"幼儿园应有与其规模相适应的户外游戏场地，配备必要的游戏和体育活动设施，并创造条件开辟沙地、动物饲养角和种植园地"。这只是一个概括性的规定，而在《托儿所、幼儿园建筑设计规范》及《城市幼儿园建筑面积定额》（实行）中则有更为明确的规定。如《托儿所、幼儿园建筑设计规范》第9条规定，"托儿所、幼儿园室外游戏场地应满足下列要求：一、必须设置专门的室外游戏场地。每班的游戏场地面积不应小于 $60m^2$。各游戏场地之间宜采取分隔措施。二、应有全园共有的游戏场地，其面积不宜小于下列计算值：室外共有游戏场地面积（m^2）＝ $180 + 20$（$N-1$）［注：1. 180、20、1 为常数，N 为班数（乳儿班不计）。2. 室外共用游戏场地应考虑设置游戏器具、30m 跑道、沙坑、洗手池和贮水深度不超过 0.3m 的戏水池等］"。《城市幼儿园建筑面积定额》（实行）中第12条规定，"室外活动场地，包括分班活动场地和共用活动场地，分班活动场地每生 $2m^2$；共用活动场地包括设置大型活动器械、戏水池、沙坑以及 30 米长的直跑道等，每生 $2m^2$"。虽然中国幼教法规对儿童户外游戏场地面积有一个基本规定，但与发达国家的差距还是比较大的。如邻国日本的生均户外游戏场地面积就远大于中国，日本在 2006 年新修订的《幼稚园设置标准》中就规定了室外运动场的面积标准：（1）两个班级以下的户外运动场面积为：$330 + 30 \times$（班级数 -1）平方公尺；（2）三个班级以上的户外运动场面积为：$400 + 80 \times$（班级数 -3）平方公尺。其中每个班幼儿人数以 35 人以下为原则。[1] 据此可知，以

① 石镇嘉：《儿童游戏权之研究——从联合国儿童权利公约检视中国儿童游戏权之保障》，硕士学位论文，台北教育大学，2007 年。

一个班级为例，日本生均户外运动场面积最少为 $330 \div 35 = 9.4$ 平方公尺（1 平方公尺 = 1 平方米），远远大于中国生均 $2m^2$ 的标准。可见，从保障儿童游戏权角度出发，扩大户外活动面积，确保每个儿童足够的游戏空间是国际潮流所趋。从中国实际出发，一方面在幼儿园的规划和建设过程中，应严格执行上述法律规定，并有计划地扩大户外活动面积；另一方面在城市规划和建设过程中，也应把公共游戏场地考虑进去，尤其是在一些新建的居民住宅小区，适当的公共游戏场地必须给予保证。

2. 室内游戏空间

室内游戏空间的大小是影响儿童游戏质量的另一个重要因素。研究表明，过于拥挤的环境会增加儿童攻击性行为发生的可能，降低儿童的社会性交往活动的频率，使旁观、不主动参与活动的儿童人数增加。[①] 因此，保障足够的游戏空间对于提升儿童游戏品质非常重要，中国幼教法规对游戏空间也有明确规定，《城市幼儿园建筑面积定额》（实行）中第 6 条第 1 款规定，"活动室，每班一间，使用面积 $90m^2$，供开展室内游戏和各种活动以及幼儿午睡、进餐之用。如果寝室与活动室分设，活动室面积不宜小于 $54m^2$"。但这种规定与国外研究还有一定差距，史密斯（Smith）等人在 1980 年作了关于游戏空间密度[②]对儿童游戏的影响的研究，他们把空间密度定为每个孩子 15、25、50 及 75 平方尺来检验。结果显示：每个孩子平均空间越少，在游戏时粗动作游戏的活动量（跑、追赶、混战）会减少。换句话说，越拥挤，粗动作游戏越少。但是，每个孩子平均空间降到 25 平方尺（拥挤增加），则会对孩子们的社会行为产生影响。当每个孩子平均空间从 25 平方尺降到 15 平方尺时，攻击行为显著增加，团体游戏也明显地减少。[③] 这个研究告诉我们室内游戏空间密度以生均不低于 25 平方尺（约 $2.77m^2$）为宜，这是游戏空间密度的最低值。当然，在

① 郑名：《学前游戏论》，甘肃人民出版社 2010 年版，第 240 页。
② 空间密度是指在游戏环境中平均可供每个孩子使用的空间大小。计算公式为：空间密度 =（总空间大小 − 不可用的空间大小）÷孩子的人数。
③ ［美］约翰逊等：《儿童游戏》，吴幸玲等译，杨智文化事业股份有限公司 2003 年版，第 450 页。

实践中，游戏空间密度也可以通过灵活的空间安排来加以调整，比如当孩子们有太多的追逐、狂野、嬉闹游戏，则可以通过增加家具、设备、器材或者区隔分离的方法来减少空间密度；反之，当孩子们攻击性行为增多时，则可以通过挪掉一些家具、设备、器材或者打通隔离区域的方法来增加空间密度。相比之下，中国幼教法规所规定的生均活动室面积较小，如果以一个班级 30 名幼儿计算的话，生均活动室面积为 $54 \div 30 = 1.8\,\mathrm{m}^2$，远远低于 $2.77\,\mathrm{m}^2$ 游戏空间密度最低值。总的来看，中国在儿童室内游戏空间方面还有一些不足，这一方面需要我们在设立幼儿园时充分合理规划儿童的室内游戏空间；另一方面也需要教师充分发挥主观能动性，创造性地运用有限的室内空间，确保每个孩子的充分游戏权。

二　游戏社会权的保障

（一）保障儿童的游戏材料

大部分游戏是借助一定的玩具和其他游戏材料进行的，国外学者吉丁斯（Giddings）等人在 1981 年的研究表明：儿童在家时间中每天平均有 4 小时花在操作玩具或各种游戏材料上，而在学校与玩具或游戏材料接触的时间甚至比这更长。英国学者蒂泽德（Tizard）等人的研究也发现，学前儿童在自由游戏时间里，有 97% 的时间都会使用到玩具或游戏材料。[①] 可见游戏材料在儿童游戏中的重要性，要实现儿童的游戏权，适宜的游戏材料必不可少。在儿童游戏材料配备方面，中国目前参照的唯一一个全国性的规范性文件是原国家教委 1992 年颁布的《幼儿园玩教具配备目录》，这只是一个指导性的文件，不具有强制性。该文件根据幼儿游戏的内容及玩具的功能将幼儿园玩具材料分为体育类，构造类，角色—表演类，科学启蒙类，音乐类，美工类，图书、挂图与卡片类，电教类，劳动工具类等十大类。并且考虑到中国各地经济发展不平衡的国情，分为一、二、三类，经济条件好的，可按一类配备，经济条件比较差的，按三类配备，二类

---

① 李燕：《游戏与儿童发展》，浙江教育出版社 2008 年版，第 260 页。

为基本配备。① 虽然这个文件不具有强制性，但它基本上是从幼儿园教育特别是游戏活动的需要出发构建的玩具材料分类体系，体现了身心全面发展的教育目标，有一定的科学性。但是在现代社会，科技的发展非常迅猛，各种新型的高科技玩具和电子游戏材料层出不穷，该文件的滞后性也比较明显，对它进行修正也势在必行。当然，这些电视、电脑及其他新电子媒体对传统儿童游戏产生了巨大的影响，它就像一把双刃剑，在丰富儿童游戏的同时，也会带来抑制儿童创造力及其他身心上的消极影响。通过采取一些措施（如控制看电视、上网的时间；提供亲社会有教育意义的游戏；加强监管；对电视节目及网络游戏实行分级制度等）来最大限度地限制其消极影响是我们面临的新挑战。

游戏材料的配备固然重要，但更为重要的是选择和投放。游戏材料提供是否适宜不仅影响到儿童的游戏行为，也影响着儿童的发展及儿童游戏权利的实现。材料的投放如何才算合理，才能保障儿童游戏权的充分实现？一般而言受制于以下两个方面的因素制约。

一是游戏材料本身。材料本身的特性、数量、品种及其搭配等对儿童游戏行为有重要影响。首先，从材料特性看，结构化、真实度和复杂性是形容游戏材料特性的三个常用词，游戏材料的结构化和真实度往往是相互关联的，真实度越高的游戏材料往往也是高结构化的，而复杂性则是从游戏材料制造方面衡量的，复杂性高一般是指制造精密的游戏材料，这种材料往往玩法比较固定。因此，从发展儿童想象力创造力出发，宜多提供低结构化、低真实度及低复杂性的游戏材料给儿童，但也要适当注意儿童年龄特点。一般而言，年龄较小的儿童（如小班幼儿甚至更小的幼儿）宜多提供高结构化、高真实度及高复杂性的游戏材料，年龄较大的儿童（中班及大班幼儿）宜多提供低结构化、低真实度及低复杂性的游戏材料。其次，从材料的数量及品种搭配看，游戏材料投放的数量和品种不是越多越好。国外的研究表明，无论是在室内还是室外，玩具数量与儿童社会性行为之间成反比

① 中国学前教育研究会：《中华人民共和国幼儿教育重要文献汇编》，北京师范大学出版社 1999 年版，第 337 页。

关系。① 因此，成人若想增加儿童的社会性互动，就可以考虑减少游戏材料数量，但不能减得太少；若想减少争抢行为，就可以考虑增加一些游戏材料，也不能增加过多。游戏材料的搭配也是需要技巧的，不同的游戏材料搭配会导致不同的游戏行为，这需要成人仔细观察，根据材料特性及儿童的需要进行合理搭配。

二是儿童本身。性别和年龄是儿童选择游戏材料的两个重要影响因素，国外许多研究都表明了男女孩在玩具选择上存在一定的偏好，如女孩常玩洋娃娃和艺术材料，并且玩的时间也较长，男孩则偏爱积木和带轮子的汽车。儿童在玩具选择上开始出现这种差异是在 2 岁以后，2 岁以前无很大区别。② 但新近的研究发现随着时代的发展，这种男女差异正在逐渐缩小，女孩表现出对男孩典型玩具和游戏材料的喜欢，而男孩也向女孩偏爱的玩具和游戏材料倾斜。这些研究告诉我们，我们要改变给儿童提供游戏材料的性别刻板化误区，在游戏材料上给予男女孩同等的待遇。年龄也是要在提供游戏材料时充分考虑的，不同年龄阶段的儿童生理、心理发展水平不同，自己的需要也不同。比如，2 岁以内的幼儿处于各种感官迅速发展的时期，就可以多提供一些发展感官的玩具；而 3 岁、4 岁的幼儿是形象思维能力发展的时期，则应为他们多选择一些较丰富的形象玩具；到了 5 岁、6 岁的幼儿正处于抽象思维萌芽，则可以多选择一些更为复杂的、活动性强的、能组合的各种大小玩具，特别是智力活动成分较多的玩具。

（二）保障儿童的游戏安全

需要指出的是，游戏时间、空间和材料的保障固然重要，但给儿童提供一个安全的游戏环境，确保儿童在游戏过程中身心不受伤害更加重要。因此，在儿童游戏前，成人（包括教师）一定要把安全问题放在首位考虑，认真检查室内外游戏场地的安全，选择和投放安全卫生的游戏材料；在游戏过程中，密切观察，防止各种可能危害儿童人身安全的事故发生；在游戏结束后，认真收拾整理并及时清洗玩具和游戏材料。当然，身体不受伤害确保儿童游戏安全是游戏权的重要

① 李燕：《游戏与儿童发展》，浙江教育出版社 2008 年版，第 264 页。
② 同上书，第 260 页。

内容，除了各种游戏娱乐设施及玩具可能造成儿童身体伤害之外，儿童的心理亦有不受游戏伤害的权利，相比身体伤害更为显性的特点，心理伤害更为隐蔽，危害更大。国外在这方面有着比较成熟的经验，几乎大部分西方国家都采取严格的分级制度来保护儿童免受来自动画片及其他儿童视频资料、读物、影视节目等媒介的暴力侵害。比如，日本动漫界实行严格的业界自律分级制度，美国政府根据电影内容的暴力、色情、血腥程度等，对电影进行分级，限制孩子观看那些程度较深及很深的影片。① 而在英国，则由家长和教育工作者共同商讨制定了一项新规定，对新制卡通片进行约束，要求动画片中所有动物都不能有明显让孩子产生巨大恐惧的利爪和利齿，片中的角色不能出现使用厨用工具和用具打斗，避免孩子用这些他们很容易接触到的用具伤人。② 虽然中国还没有成熟的法律规定，但可以在制作和管理两方面做文章，增强创作者的责任感和使命感把握好创作方向是根本，清晰界定暴力标准并严格加以审查是保证。当然家长和教师的陪同观看也是他们的应尽责任。总之，儿童游戏安全包括身体和心理两方面，我们在给儿童提供安全的游戏物理环境的同时，也应确保游戏心理环境的安全，只有这两方面都安全，孩子才能在其中尽情地游戏，快乐地成长。

第三节　立法层面的儿童游戏权保护

《儿童权利公约》通过之后，中国在儿童权利保护法律制度建设方面取得了前所未有的成就，但也存在不少问题，这在儿童游戏权保护立法方面尤为突出，通过对这些问题的分析将有助于中国儿童游戏权保护立法的完善。

一　现有的儿童游戏权保护法律框架
目前中国与儿童游戏权保护相关的立法比较多，且多为间接性

---

① 《动画片暴力何以成孩子"危险因素"》，新华网 http：//news. xinhuanet. com/shu-hua/2013–06/01/c_124796283. htm。

② 上官云：《动画片暴力镜头频现引人担忧，专家呼吁建立分级制》，［EB/OL］. ht-tp：//www. chinanews. com/cul/2013/10–15/5378748. shtml。

的。这些立法主要有：（1）《宪法》。宪法没有直接规定儿童的游戏权，但可以从相关法律条文中推导出游戏权，比如《宪法》第37条和43条对公民人身自由和休息权的保护，游戏的本质特征是自由以及游戏本身所具有的休闲娱乐功能使得游戏权与上述两个公民基本权利竞合；另外在《宪法》第46条和49条中则做出了专门针对儿童权利的规定。《新法》第46条规定：中华人民共和国公民有受教育的权利和义务，国家培养青年、少年、儿童在品德、智力、体质等方面的全面发展，《宪法》第49条规定：婚姻、家庭、母亲和儿童受到国家的保护。这些都是儿童游戏权立法的重要依据。（2）《未成年人保护法》。这是中国儿童权利的专门性立法，按照《儿童权利公约》精神全面地规定了儿童享有的各项权利，当然包括游戏权。该法与儿童游戏权保护相关的法律条文有：第20条、第22条、第29条至36条、第42条、第65条等。这些法律条文虽然明确出现"游戏权"等字眼，但法条内容中暗含了游戏权的内容。（3）《教育法》。该法与儿童游戏权相关的法律条文主要体现在教育教学设施的规定中，因为游戏设施本身就属于教育教学设施的一部分，因此也可以视为游戏权的相关规定，这些法律条文有第26条、第42条、第44条、第50条、第72条、第73条等。（4）《特种设备安全监察条例》。该法与儿童游戏权的相关规定主要体现在儿童游乐设施的生产、使用、检验检测、监督检查、事故预防及调查处理程序、法律责任等几个方面，具体法律条文有第12条、第34条、第46条、第56条、第70条、第85条等。（5）《国家玩具安全技术规范》。这是一个玩具生产方面的技术规范，对儿童游戏活动的主要物质载体——玩具的安全标准作了一个总体要求。（6）幼教法规、规章及政策性文件。游戏一直被视为学前教育的基本活动，在学前教育中占有重要地位。与游戏权相关的幼教法规、规章和政策性文件有《托儿所、幼儿园卫生保健制度》《城市幼儿园建筑面积定额》《幼儿园管理条例》《幼儿园玩教具配备目录》《托儿所、幼儿园卫生保健管理办法》《幼儿园工作规程》《幼儿教育指导纲要（试行）》《关于当前发展学前教育的若干意见》《3—6岁儿童学习与发展指南》等。这些立法更为直接，涉及儿童游戏权的各个方面，尽管也没有"游戏权"等字眼，但对儿童游戏的重视和保护却是非常全面的。

二 儿童游戏权立法存在的问题

虽然与儿童游戏权相关的立法比较多，但也存在不少问题，这些问题主要表现在以下三个方面：（1）立法可操作性差。关于儿童权利保护的可操作性问题一直是学界争议的热点问题，对有儿童权利保护的"小宪法"之称的《未成年人保护法》的批判之声从1991年通过到2006年修订之后一直没有间断过。虽然有学者为这个问题辩护过，认为"作为未成年保护基本法典的《未成年人保护法》应基于'小宪法'的地位，它只适于规定涉及未成年人权益保护的基本原则和重大问题。也就是说，《未成年人保护法》'可操作性差'是可以理解的，恰恰体现了它作为未成年保护基本法典的特征"①。研究者认为这种说法有一定道理，确实不能让《未成年人保护法》承载太多，它的可操作性问题可以通过与之相应的完善的配套法律体系来实现，但在当前与之相配套的法律体系严重不足的情况下，它的可操作性差的问题还是显而易见的。比如在与儿童游戏权保护相关的法律条文方面，"应当""不得""鼓励"等字眼非常突出，可见该法对于儿童游戏权保护得过于原则，宣示性、口号性较强，再加上没有相应的游戏权保护配套规定，因此，对儿童游戏权保护的可操作性不高。（2）立法层次性低。虽然与儿童游戏权保护方面的法律有《未成年人保护法》《教育法》，但这些高层次法律没有明确规定"游戏权"，甚至连"游戏"字眼都没出现。而在立法中有大量"游戏"字眼的主要见于幼教法规、规章及政策性文件，这些立法虽然对儿童游戏给予极高的评价，但终因立法层次较低而在实践中儿童游戏权保护的权威性和稳定性弱。（3）直接性立法缺失。目前国内关于儿童游戏权保护的立法只能从"文化娱乐""体育锻炼""休息""课外活动"等用语中去寻找，明确地将儿童游戏权加以规定尚未出现。这使得我们在保护儿童游戏权时无法可依，不像墨西哥不仅在国家宪法中明确

---

① 姚建龙：《〈未成年人保护法〉的修订及其重大进展》，《当代青年研究》2007年第5期。

规定儿童享有游戏权，而且在其他法律中将其单列出来，专门加以规定。这些都是中国儿童游戏权保护立法存在的突出问题，儿童游戏权的被侵犯的现象很普遍一定程度上与游戏权立法存在的这些突出问题密切相关。

三　儿童游戏权立法的完善

儿童游戏权的受侵害的现象比较普遍一定程度上与立法的缺失有关，从中国国情出发，借鉴国外儿童游戏权保护的立法经验，研究者认为中国儿童游戏权相关立法的完善可以从以下两个方面入手。

（一）《宪法》层面

游戏权在中国《宪法》中没有明确的规定，只能从一些法条中去推导，比如《宪法》第46条关于儿童受教育权的规定及第49条关于对儿童保护的规定。游戏权作为国际人权运动背景下产生的一项儿童特殊人权，对它的保护也是各国非常重视的。众所周知，《宪法》是一个国家的根本大法，权利只有进入《宪法》才能得到根本保障，儿童权利也不例外，在《儿童权利公约》通过之后，儿童权利入宪成为各国保护儿童权利的普遍现象，如1990年纳米比亚宪法第15条，1991年罗马尼亚宪法第45条，1999年柬埔寨宪法第48条，1999年瑞士宪法第11条，2004年欧盟宪法草案第2章第84条等，①游戏权作为儿童权利之一，应有纳入宪法保护的价值。从完善儿童游戏权立法的角度看，研究者认为可以在《宪法》中专列一条将《儿童权利公约》中涉及的儿童四大权利：生存权、发展权、参与权和受保护权加以规定，以顺应国际儿童人权入宪的保障潮流；在条件尚不成熟的情况下，也可以在《宪法》第49条下面专列一款，明确儿童享有游戏权并受国家保护。

（二）法律层面

虽然与儿童游戏权相关的法律法规较多，但存在诸多问题，如可操作性不强、立法层次低、直接性立法缺失等。如何更为有效地保障

---

① 石镇嘉：《儿童游戏权之研究——从联合国儿童权利公约检视中国儿童游戏权之保障》，硕士学位论文，台北教育大学，2007年。

儿童游戏权，研究者认为有以下三种选择方案：一是借鉴墨西哥的立法经验，对儿童权利进行专门立法，以真正贯彻落实《儿童权利公约》中规定的各项儿童权利。在当儿童问题日益突出的大背景下，要求制定《儿童福利法》的呼声越来越高，学者张文娟就认为："中国的儿童福利保障体系就像一口破锅，到处都是洞，一次次触碰底线。法律体系存在的最大问题，还是缺乏顶层设计。虽然我们现在有一些儿童福利保障措施，但它们像散落的珍珠，缺少一根线把它串起来。最理想还是出台一部《儿童福利法》，以实现对儿童权利保护的顶层设计。"① 因此，为保护儿童的游戏权，可以考虑在未来的《儿童福利法》中开辟专章加以规定。二是提升学前教育的立法层次。当前大量的幼教法规中都有对儿童游戏的规定，但终因立法层次低导致实施困难，保护不力。在目前《教育法》所规定的四个独立学段中，唯独学前教育没有立法，这与中国学前教育事业的蓬勃发展极不相称，也与世界学前教育发展潮流相违背。因此，抓紧研究制定《学前教育法》，不仅是解决中国当前学前教育事业发展中诸多突出和根本性问题的现实选择，而且是保障并促进学前教育事业健康、有序、可持续发展的迫切需要。② 为更有效地保障儿童游戏权，可以考虑在《学前教育法》中明确规定儿童享有游戏权，并对儿童游戏权的保护措施加以具体化。三是加紧制定《家庭教育法》。家长在儿童游戏权的保护上承担着重要的职责，除了对家长加强儿童游戏权保护宣传之外，可以考虑制定相应的法律来明确父母的责任。当前中国没有专门对家长行为进行规范的法律法规，与之相反，国外就有一些国家有专门的家庭教育立法，对家长行为进行规范，保障儿童权利。因为，在家庭中，家长如何对待儿童权利往往比较隐蔽，光靠宣传和教育是远远不够的，除非有相应的法律规范，否则难以对家长的行为进行监督。因此，可以考虑制定专门的《家庭教育法》，其中明确规定父母要保障儿童的休息、游戏和娱乐的时间。

---

① 张文娟：《等待儿童福利法》［EB/OL］. http：//finance. sina. com. cn/roll/20130321/001914898812. shtml。

② 庞丽娟：《加快推进〈学前教育法〉立法进程》，《教育研究》2011 年第 8 期。

第四节 司法层面的儿童游戏权保护

儿童游戏权的保障在现实生活中如此不尽如人意，原因有很多，其中游戏权司法救济制度的缺失是一个重要因素。游戏权能否通过司法救济保障及通过何种途径加以保障，与游戏权的性质及相应的法律规定密切相关。为此，下文将从游戏权的性质出发，对游戏权的可诉性及其司法救济途径进行全面探讨。

一 儿童游戏权的可诉性分析

可诉性，即可司法（裁决）性，是指能够从法律上加以考虑，并运用法律原则与技术予以决定的属性。不具有可诉性的权利不能进入司法过程获得司法救济，在很大程度上无法被作为一项具有法律强制力的权利。[①] 所以，可诉性是法律权利的一个必要属性。通过前文对儿童游戏权性质的分析，我们已经明确，游戏权是游戏自由权为主，兼具社会权特性的一种专属儿童的特殊人权，也是儿童的一项法律权利，应具有可诉性。我们也可以从《儿童权利公约》的相关条款中推导出游戏权的可诉性，《儿童权利公约》第4条规定："缔约国应采取一切适当的立法、行政和其他措施，以实现本公约所确认的权利。"规定了国家承担一般法律义务的性质，其中提到的"其他措施"应当理解为司法的、社会的和教育的等措施。[②] 从权利内容看，游戏权包括游戏自由权、游戏社会权等两个方面，对游戏权可诉性的探讨也应该从这两个方面来进行。

（一）游戏自由权的可诉性分析

自由权和社会权是人权发展过程形成的两种"不同代"的人权形态，这两代人权在不同轨道上运行，也形成了两种不同的保障机制。表现在司法救济机制方面为，自由权因其消极性、即刻实现性、不需

---

① 王建学：《论社会保障权的司法保护》，《华侨大学学报》2006年第1期。
② 王雪梅：《儿童权利论——一个初步的比较研究》，社会科学文献出版社2005年版，第187页。

费用性而具有可诉性，社会权因其积极性、过程性、需要费用性而不具有可诉性。① 关于自由权的可诉性，学界观点较为一致。

首先，从人权理论的产生看，近代人权理论是以自由为核心，渗透着自由主义精神：一方面它把权利的本质归结为自由；另一方面它以理性主义和个人主义为基础，强调个人在政治权力面前的自由权利。人们普遍认为，权利是免于国家干预的自由，权利的实现只要求国家履行消极不作为义务即可，反对国家采取任何积极行动，因而将权利等同于自由权。在资产阶级革命胜利后，各国将这些自由权利写进宪法，并在司法实践中作为裁决的依据。如英国在 17 世纪就通过普通法院对自由权给予司法救济的判例；美国的"马伯里诉麦迪逊案"也确立了法院利用违宪审查对受到侵犯的自由权给予司法救济；大陆法系的德国、法国、意大利等国家就有专门的司宪机关保护宪法规定的各种自由权。② 可见，自由权的可诉性在宪法理论和司法实践中都是毋庸置疑的。

其次，自由权的可诉性也能从国际人权公约《公民权利和政治权利国际公约》的实施机制中看出来。《公民权利和政治权利国际公约》中规定，为保障公约所承认的公民权利和政治权利，公约建立了一种多元性的实施机制，包括报告制度、国家间指控、个人申诉等。特别是其中第 2 条第 3 款第（乙）项明确规定了司法救济义务，"保证任何要求此种补救的人能由合格的司法、行政或立法当局或由国家法律制度规定的任何其他合格当局断定其在这方面的权利；并发展司法补救的可能性"③。由此可见，在西方国家，自由权无论是在理论上还是实践上，都具有可诉性。但具体到中国，虽然在司法实践中已有对自由权予以保护的个别案例，但自由权的司法保护只是例外而非原则；中国宪法上的自由权也没有西方国家宪法上的自由权那样的优越地位，自由权的可诉性广度还有待扩展的广阔空间。④ 尽管自由权

---

① 龚向和：《受教育权论》，中国人民公安大学出版社 2004 年版，第 176 页。

② 龚向和：《理想与现实：基本权利可诉性程度研究》，《法商研究》2009 年第 4 期。

③ 国际人权法教程项目组：《国际人权法教程第二卷（文件集）》，中国政法大学出版社 2002 年版，第 7 页。

④ 龚向和：《理想与现实：基本权利可诉性程度研究》，《法商研究》2009 年第 4 期。

在多大程度上可诉还有漫长的路要走，但自由权的可诉性已经成为国内学者普遍接受的观点，且自由权的司法救济也有初步尝试。因此，对自由权的司法救济这个问题，我们已经在路上，而且还会坚定地走下去。游戏权作为一种以自由权为主的儿童权利，自由是其本质特征，按照前面的分析，游戏自由权具有可诉性也应该是确定无疑的。

（二）游戏社会权的可诉性分析

关于社会权的可诉性问题一直是学界争议比较大的理论和实践问题，形成了赞成派和反对派两个对立派别。赞成派认为社会权可诉性的理由有四：（1）现代社会的要求、需要和环境证明将社会权纳入可司法性权利是正当的；（2）社会经济权利会加重国家积极行动的义务，但那并不能证明将这类权利排除在人权法案的正当性之外；（3）社会权在许多国际法中获得健康的发展，而大部分国家签署了这些国际法文件；（4）事实上，大量的社会权已经精练、明确到能够进入宪法或法律中。而反对派的理由有三：（1）社会权本质上是计划性的，属于立法机关管辖的政策事项，让司法机关介入社会权将违背权力分立原则；（2）自由权是消极权利，可以自动执行，而社会权是积极权利，需要立法和其他国家的积极的措施；（3）社会权不符合可行性、重要性和普遍性的必须要求，因而只构成主张而不构成可司法性的权利。[①]双方争论的结果是，社会权逐渐成为具有可诉性的普遍人权。所谓"消极"权利与"积极"权利之间的区别是人为的和虚构的，实际上，所有的权利既有"积极"的相关义务，又有"消极"的相关义务。[②]具体到中国，对社会权的可诉性也是比较认同的，不仅在宪法中有许多条款直接规定了公民的社会权，而且在人民法院的司法实践中多次直接援引这些条款。而且，与西方国家相比，中国对社会权的保护程度比自由权更充分。因为在中国，自由权比社会权更容易引发政治敏感问题，而社会权与党和政府倡导的民生在精神和内容上相一致，比自由权更受青睐。中国的司法实践也证

[①]　龚向和：《受教育权论》，中国人民公安大学出版社2004年版，第176—177页。

[②]　［美］杰克·唐纳利：《普遍人权的理论与实践》，王浦劬译，中国社会科学出版社2001年版，第113页。

明，在中国社会权的司法保护更具有可行性。①

虽然对社会权的可诉性的认可在理论上是大势所趋，在实践上也是可行的。但值得注意的是，并不是所有的社会权都具有可诉性，有些可诉，有些则不具有可诉性，社会权诉诸司法救济只能在一定范围和程度内才具有可行性。游戏社会权亦是如此，游戏社会权如前面所分析，包括现有游戏设施使用请求权和必要游戏设施创设请求权及游戏设施安全保障权三方面，这三种游戏社会权的"子权利"的可诉性是不同的。其中现有游戏设施使用请求权和游戏设施安全保障权是可诉的，而必要游戏设施创设请求权则不可诉。因为就现有游戏设施使用请求权而言，这是对现有的已运作的游戏设施，儿童可以要求平等的使用，如果有受到不平等的待遇，儿童可以依据宪法所保障的平等原则要求司法救济；而必要游戏设施创设请求权是在相应游戏设施和条件不具备或不完全具备的情况下，要求国家提供最低标准的游戏设施的权利。当前国家最低游戏设施标准尚未建立，而且这一权利的实现受限于当地的经济文化水平，在各地经济文化发展水平差异如此巨大的情况下，国家和政府的义务只能是"尽最大能力"逐步满足这种要求，因此很难有司法救济的可能性。而游戏设施安全保障权则有可诉性，这从大量的游戏安全事故的法律诉讼中可以看出来。

二 儿童游戏权的司法救济途径

司法救济途径主要有行政诉讼、民事诉讼和刑事诉讼三种，对儿童游戏权的司法救济途径也应该可以通过这三种途径来实现。

（一）行政诉讼

儿童游戏权的行政诉讼涉及两个关键问题，一是诉讼主体是否适格，二是游戏权能否成为行政诉讼的受案范围。

首先，从诉讼主体来看，儿童作为原告是没问题的，关键是被告，行政机关和公立学校能否成为被告。中国行政机关和公立学校是对儿童负有保障义务的行政主体，其保障义务包括自身消极的不侵害、对他人侵害时的保护及积极创造机会和条件等，对义务的不履行

① 龚向和：《理想与现实：基本权利可诉性程度研究》，《法商研究》2009 年第 4 期。

都将导致对游戏权的侵害，从而导致行政诉讼救济的发生。因此，行政机关和公立学校均可成为行政诉讼的适格被告。从实践上看，中国教育法理论中长期受特别权力关系理论①的影响，使得公立学校与学生之间的关系难以寻求司法救济。但鉴于西方国家对于特别权力关系理论的修正，逐步扩大相对方的权利，把受教育权纳入行政诉讼受案范围。从切实保障儿童游戏权出发，中国在理论界和实务界走出"学校不是行政诉讼适格主体被告"的理论误区，这是一个必然趋势。

其次，从游戏权能否成为行政诉讼的受案范围看，中国《行政诉讼法》对受案范围的规定虽然没有游戏权这一项，但我们也可以从相关法律条款中推导出来。该法第 2 条首先概括性规定了受案范围——公民、法人或其他组织的"合法权益"，然后在第 11 条列举了可以起诉的具体行政行为（共 8 项），同时在"但书"中规定了除这 8 项以外法律法规规定可以提起诉讼的事项。接着在第 12 条规定 4 项不能提起行政诉讼的事项，这样根据这几个法律条文，我们可以确认儿童游戏权应该属于其他"合法权益"之列。更何况游戏权与受教育权之间存在竞合关系，游戏是儿童在幼儿园里的基本活动，而且二者在目的上是一致的，《教育法》中第 42 条也明确规定了受教育权作为"合法权益"的可诉性，对公立学校侵犯学生受教育权的行为可以提起行政诉讼。由此可知，游戏权作为儿童受教育权之内涵要义，也应该可以作为儿童的"合法权益"成为行政诉讼受案范围。

（二）民事诉讼

如前所述，当儿童的游戏权受到行政机关和公立幼儿园侵犯时，由于双方视法律关系为一种管理与被管理的隶属型教育行政法律关系，行政机关和公立幼儿园为适格被告，儿童可以提起行政诉讼保障自己的权益。但侵犯主体为行政机关和公立幼儿园以外的平等主体侵犯时，双方的法律关系为平权型的民事法律关系，因此应通过民事诉讼予以救济。游戏权民事诉讼中的适格被告为私立幼儿园、公民、法

---

① 这种理论认为教育法律关系双方是"基于特别原因（法律规定或本人同意），服从于国家或公共团体的特别支配权这样一种关系"。这种法律关系里，权力主体对相对方享有概括的命令支配权，而相对方则有服从的义务。

人或其他社会组织等平等民事主体时。关于儿童游戏权的民事诉讼，我们可以从以下两个法律条文中推定出来：2006 年新修订的《未成年人保护法》中第 60 条明确规定："违反本法规定，侵害未成年人的合法权益，其他法律、法规已规定行政处罚的，从其规定；造成人身财产损失或者其他损害的，依法承担民事责任……"另据《教育法》第 81 条之规定："违反本法规定，侵犯教师、受教育者、学校或者其他教育机构的合法权益，造成损失、损害的，应当依法承担民事责任。"这两个法律条文都规定了儿童的合法权益受到侵犯的民事法律责任，游戏权作为关乎儿童生存和发展的重要权益理所当然属于儿童的合法权益，理应受到法律保护，当侵权者为私立幼儿园、公民、法人或其他社会组织等平等民事主体时，应该可以通过民事诉讼救济途径解决。

（三）刑事诉讼

对于侵犯儿童的游戏权，情节严重构成犯罪的，可以依据中国刑法的相关规定，追究侵权行为人的刑事责任。与之相应的法律条文有：《未成年人保护法》第 60 条，"违反本法规定，侵害未成年人的合法权益……构成犯罪的，依法追究刑事责任"。《教育法》第 72 条规定，"结伙斗殴、寻衅滋事，扰乱学校及其他教育机构教育教学秩序或破坏校舍、场地及其他财产的……构成犯罪的，依法追究刑事责任……"该法第 73 条规定，"明知校舍或者教育教学设施有危险，而不采取措施，造成人员伤亡或者重大财产损失的，对直接负责的主管人员和其他直接责任人员，依法追究刑事责任"。如前所述，游戏权是儿童合法权益之一，侵权行为构成犯罪的应受到刑法保护；另外，儿童的游戏主要通过场地、游戏材料等游戏设施进行，这些游戏设施是包括在教育法中所指"教育教学设施"范围之内。因此，对于游戏设施的破坏或者游戏设施造成儿童的人身损害，构成犯罪的应当依法追究刑事责任。可见，对于儿童游戏权的侵犯，刑事诉讼是另一种可行的救济途径。

总之，儿童游戏权是一项法律权利，具有可诉性。但由于游戏权权利结构的复杂性和特殊性，决定了并非游戏权的各个部分都具有可诉性，因此，在研究游戏权可诉性问题时既要从整体上考察更要从局部上去分析。当然，对于游戏权的可诉性问题，我们也要有清醒的认识，与理论研究的繁荣相比，游戏权的司法保护还只是一个例外，而非原则，我们还有很长的路要走。

结　　语

　　行文至此，笔者才渐有所悟，《儿童权利公约》通过至今已有 20 余年，但游戏权的观念仍然停留在文字上、口号上。尽管这背后有诸多复杂的原因，但不管原因有多少，归根结底不外乎对儿童游戏权的三个"W"一无所知，即为什么要规定儿童享有游戏权（Why）？儿童游戏权是什么（What）？怎样保障儿童的游戏权（How）？从本书的架构上看，也基本上围绕着这三个基本问题展开。

　　第一，为什么要规定儿童享有游戏权？要回答这个问题恐怕得先对游戏权利思想的发展历程作一个梳理，然后才能对它的正当性作一个合理性的解释。研究者经过梳理发现，游戏权利思想的演进与人们的儿童观、儿童权利观及儿童游戏观的变化密切相关，而儿童观、儿童权利观及儿童游戏观三者是交织在一起，相互影响、相互促进的，其中儿童观的现代化是根本动因，只有确立了儿童中心的现代化儿童观，才促进了儿童作为权利主体的儿童权利观的生成，并最终形成了儿童游戏权利观；游戏权利思想的形成只是游戏权存在的一个面，还需要为它寻找更充分的证据，权利基础和权利证成是两个重要点。任何权利都有其存在的基础，游戏权也不例外，游戏权之所以存在不外乎两个基础：一是儿童世界与成人世界的区分，二是游戏对儿童具有独特的价值。游戏权是儿童的一项特殊人权，是需要提出理由加以证明的。在为权利诉求提供正当性论证上永远绕不开的是自然法学派，无论是从"事物之本质"理论还是"自然权利"理论抑或是"正义"理论来解释，游戏权都是合理的存在。人权理论也是游戏权寻求合理性的另一个理论支撑，而在证成上遇到的困惑就是儿童能否作为权利主体，回到人的价值和尊严的人权本原，我们找到了确切答案。

第二，儿童游戏权是什么？这得从权利概念入手，虽然关于权利的解释五花八门，但是借用学者夏勇的观点，任何一项权利都包括五个基本要素，即利益、主张、资格、权能和自由，游戏权也不例外，从这五个方面来认识游戏权能触及游戏权的本质。而性质是一事物区别于其他事物的根本属性，游戏权作为儿童的一种特殊人权，兼有三代人权特点，因此可以将其界定为"游戏权是一种以自由权为主兼有社会权特性的专属于儿童这个特殊群体的人权"，同时，在学习型社会里，它又具备了学习权的特性；性质决定内容，游戏权的这些特性使得其内容也就逐渐明晰化，笔者根据上述特性尝试将游戏权分为游戏自由权、游戏社会权等项内容。其中游戏自由权包括游戏自主权、儿童参与权等两个子权利；而游戏社会权则包括现有游戏设施使用请求权、必要游戏设施创设请求权以及游戏安全保障权等三个子权利，这样就构成了一个比较发达的游戏权家族体系；游戏权作为儿童的特殊人权，有其自身的一些典型与特征，比如权利义务主体的普遍性、权利实现的依赖性、权利的易受侵害性、权利内容的综合性等；当然价值也是我们在探讨儿童游戏权时必须面对的一个话题，游戏权价值如何定位决定了它在儿童权利体系中的地位，也决定了人们对游戏权的态度。笔者认为，游戏权的价值定位主要集中在公正、自由、安全和全面发展等四个方面。

第三，怎样保障儿童的游戏权？采取有效措施保障儿童的游戏权是本书致力追求的主要目标之一，通过对国外几个主要国家英国、日本、墨西哥在儿童游戏权保护方面经验的介绍，结合对国内儿童游戏观现状的调查结果，本书从观念层面、实践层面、立法层面及司法层面等四个方面提出了一些对策。观念是行动的先导，要实现儿童的游戏权，首先要解决的就是民众的儿童观，然后是儿童游戏观及公众的权利意识。其次是实践层面，这个层面主要涉及游戏时间、游戏空间以及游戏材料的充分保障，尽管游戏时间、空间和材料与游戏质量不是绝对的正相关，但给予最基本的保障却是应该的。当然，儿童游戏的安全问题也是成人应予高度重视的，没有安全就没有一切，确保儿童游戏安全是儿童游戏权的重要内容之一。再次，立法的不足也是儿童游戏权被侵害的重要原因。当前儿童游戏权立法存在可操作性差、层次低以及直接立法缺失等三大弊病，针对这些研究者提出了宪法层面及法律层面的修法建议：宪法层面可以考虑在其中专列一条或者在49条下专列一款，对游戏权加以规定。法律层面则可以考虑在未来的《儿童福利法》或《学前教育法》中专辟一章规定儿童的游戏权，以完善游戏权立法。最后，司法层面的游戏权保护也是备受争议的，本书通过对儿童游戏权可诉性的分析，论证了游戏权的部分内容具有可诉性，并指明了儿童游戏权司法救济的三条可行性途径：行政诉讼、民事诉讼及刑事诉讼。

虽然本书触及了儿童游戏权的三个基本问题，从逻辑上看貌似比较严谨，但随着研究的深入，研究者发现游戏本身就是一个非常复杂的、很难说清楚的儿童活动，游戏这种特性也带来了游戏权权利结构的复杂性。这给我们研究儿童游戏问题增加了不少难度，限于时间、精力以及个人的学识，本书对以下几个问题的分析还很欠缺，有待于进一步丰富和完善。首先，对游戏观的分类尚显粗糙，人们对游戏的看法和态度是比较复杂的，而且往往交织在一起，这与游戏的本身特性有关。因此，简单地将游戏观分为游戏娱乐观、游戏本能观、游戏发展观及游戏权利观四种形式可能太主观化了，目的性太强。其次，游戏权概念虽然提出已有20余年，但国内学者对它的研究并不多，在没有"巨人肩膀"可支撑的情况下，要完整揭示其概念内涵确实比较困难。研究者在借鉴人权二分法（即自由权和社会权）理论对游戏权内容进行分析固然有一定道理，但这仅是研究者的一家之言，但是否还有更科学的游戏权内容划分，这都是后续研究要努力的方向。再次，在本书比较研究部分，所搜集的资料多为实践层面、立法层面，而且也比较有限。能否搜集更多更具体的国外儿童权利入宪及入法的法律条文，以及国外在儿童游戏权司法方面的资料，以丰富和完善中国儿童游戏权保护也是将来作进一步研究的方向。又次，在本书调查部分，仅仅集中在教师和家长的游戏权观念层面似乎太简单了，将调查的面扩大到行为层面的调查以及游戏权主体本身——儿童的调查，同时增加观察法及访谈法将会使我们的调查结果更科学、更客观，这也是今后研究者要完善的地方。最后，在儿童游戏权实现的对策里，从观念、实践、立法、司法等四个层面进行论述有其合理性，但与前面的游戏权的分析存在一定程度脱节，针对性稍显不足，在中国文化背景下如何提出更为有效、更有针对性的对策是后续研究必须完善的。

　　总之，金无足赤人无完人，任何研究都不可能做到尽善尽美，本书也不例外。尽管本书也存在诸多不足，但作为一个跨学科的研究领域，本书还是在儿童游戏权研究方面迈出了开创性的一步，希望有更多的有识之士加入儿童游戏权的研究领域，共同努力，让儿童游戏权走出停留在口头上、文字上的尴尬局面，真正成为民众的一种自觉，成为儿童实有的权利，还儿童一个快乐幸福的童年。

附录1 幼儿家长儿童游戏权利观的调查问卷

尊敬的家长朋友：

您好！首先请原谅我们此次调查打扰了您的学习、工作和休息！

为全面了解人们对儿童游戏的看法，积极寻求儿童游戏权保障的有效途径，并向有关部门提供科学的研究数据和有效建议，我们组织了此次对幼儿家长的抽样调查，希望能够得到您的支持和协助。本次调查以无记名方式进行，您的答案无对错之分，所有回答只用于统计分析，不会对您造成任何负面影响。请您根据实际情况作答。

衷心感谢您的支持和协助！

南京师范大学教育科学学院

2013 年 11 月

填写说明

●请在每个问题后合适的选项标号上打上"√"，或在____处填写合适内容。

●若无特别说明，每个问题只能选择一个答案。

●填写问卷时，请不要与他人商量。

一 个人基本信息

1. 您是孩子的（   ）

  A、父亲　　B、母亲

2. 您的年龄是（   ）

  A、25 岁以下　　B、26—30 岁　　C、31—40 岁

  D、41—50 岁　　E、50 岁以上

3. 您的文化程度是（　　）

A、初中　B、高中或中专　C、大专　D、大学本科

E、研究生（硕博）

4. 您孩子所在的年龄班级为（　　）

A、小班　B、中班　C、大班　D、混龄班

5. 您从事的职业为（　　）

A、公务员/国家干部　B、教师　C、医务人员　D、军人

E、高级管理/专业人员　F、普通管理/专业人员

G、工人/服务员/业务员　H、农民

I、雇主（含个体工商业者）　　J、其他____

6. 您的家庭年收入约为（　　）

A、3 万以下　B、3 万—5 万　C、5 万—10 万

D、10 万—20 万　E、20 万以上

二　正式问卷

	非常同意	比较同意	不确定	比较不同意	非常不同意
1. 游戏对孩子来说也是一种学习	5	4	3	2	1
2. 游戏对孩子的学习主要起消极作用	5	4	3	2	1
3. 游戏和吃、喝、拉、撒、睡一样是孩子的一种基本需要	5	4	3	2	1
4. 游戏能促进孩子身心全面发展	5	4	3	2	1
5. 游戏是孩子一项不可剥夺的权利	5	4	3	2	1
6. 在孩子游戏时，应给他们充分自由，家长不能过多干预	5	4	3	2	1
7. 在孩子游戏时间这个问题上，家长应和孩子商量，多听听孩子意见	5	4	3	2	1
8. 游戏对孩子来说非常重要，家长每天应抽出一定时间陪孩子玩	5	4	3	2	1
9. 在孩子游戏前，家长应对相关游戏设施进行安全检查，确保孩子游戏安全	5	4	3	2	1
10. 在孩子游戏过程中，家长也要对孩子游戏进行仔细观察，防止意外事故	5	4	3	2	1

续表

	非常同意	比较同意	不确定	比较不同意	非常不同意
11. 幼儿园应加强对园内游戏设施的检查，确保儿童游戏时不发生安全事故	5	4	3	2	1
12. 对于儿童游戏权的保护，目前法律还不完善，应加强相关立法	5	4	3	2	1
13. 家长或其他成人对儿童游戏权的侵犯，儿童可以通过代理人以起诉方式加以维权	5	4	3	2	1
14. 游戏权的侵权诉讼，理论上不可能，实践中不可行	5	4	3	2	1
15. 在儿童游戏权保护中，国家和政府应该承担主要责任	5	4	3	2	1
16. 为保障儿童游戏权，应给予儿童充分游戏时间	5	4	3	2	1
17. 为保障儿童游戏权，应给予儿童充分游戏空间	5	4	3	2	1
18. 为保障儿童游戏权，应给予儿童足够的游戏设施	5	4	3	2	1
19. 树立正确的儿童观是保障儿童游戏权的根本	5	4	3	2	1

附录 2　幼儿教师儿童游戏权利观的调查问卷

亲爱的老师：

您好！首先请原谅我们此次调查打扰了您的学习、工作和休息！

为全面了解人们对儿童游戏的看法，积极寻求儿童游戏权保障的有效途径，并向有关部门提供科学的研究数据和有效建议，我们组织了此次对幼儿教师的抽样调查，希望能够得到您的支持和协助。本次调查以无记名方式进行，您的答案无对错之分，所有回答只用于统计分析，不会对您造成任何负面影响。请您需根据实际情况作答。

衷心感谢您的支持和协助！

南京师范大学教育科学学院

2013 年 11 月

填写说明

●请在每个问题后合适的选项标号打上"√"，或在＿＿处填写合适内容。

●若无特别说明，每个问题只能选择一个答案。

●填写问卷时，请不要与他人商量。

一　个人基本信息

1. 您的性别是（　　）

　A、女　　B、男

2. 您的教龄是（　　）

　A、3 年以下　　B、3—5 年　　C、6—15 年　　D、16 年以上

3. 您的职称是（　　）

A、小教高级　　B、小教一级　　C、小教二级

D、其他（请注明）＿＿＿

4. 您的职务是（　　）

A、园长或副园长　　B、教研组长　　C、带班老师

D、其他（请注明）＿＿＿

5. 您的文化程度是（　　）

A、初中及以下　　B、高中或中专　　C、大专　　D、大学本科

E、硕士研究生及以上

6. 您最高学历的专业为（　　）

A、学前教育　　B、小学教育　　C、其他（请注明）＿＿＿

7. 您任教幼儿园的类型及所处地区为（　　）

A、公办园　　B、民办园　　C、其他（请注明）＿＿＿

8. 您任教幼儿园所处地区为（　　）

A、城市地区　　B、农村地区　　C、其他（请注明）＿＿＿

二　正式问卷

	非常同意	比较同意	不确定	比较不同意	非常不同意
1. 游戏对儿童来说也是一种学习	5	4	3	2	1
2. 游戏对儿童学习主要起消极作用	5	4	3	2	1
3. 游戏和吃、喝、拉、撒、睡一样是儿童的一种基本需要	5	4	3	2	1
4. 游戏能促进儿童身心全面发展	5	4	3	2	1
5. 游戏是儿童一项不可剥夺的权利	5	4	3	2	1
6. 在儿童自由游戏时，游戏主题、时间、地点、材料、规则等应主要由儿童决定	5	4	3	2	1
7. 在教师组织游戏时，确定游戏主题、时间、地点、材料、规则时应认真听取儿童的意见，如不采纳应给予解释	5	4	3	2	1
8. 教师在儿童游戏过程中应仔细观察，可以在必要时干预儿童游戏	5	4	3	2	1
9. 幼儿园里的所有游戏设施和材料，儿童都可以根据自己需求自由选用	5	4	3	2	1

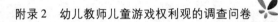

续表

	非常同意	比较同意	不确定	比较不同意	非常不同意
10. 对于一些游戏设施不全的幼儿园，儿童有权请求幼儿园完善这些设施	5	4	3	2	1
11. 幼儿园应加强对园内游戏设施的检查，确保儿童游戏时不发生安全事故	5	4	3	2	1
12. 对于儿童游戏权的保护，目前法律还不完善，应加强相关立法	5	4	3	2	1
13. 教师或其他成人对儿童游戏权的侵犯，儿童可以通过代理人以起诉方式加以维权	5	4	3	2	1
14. 游戏权的侵权诉讼，理论上不可能，实践中不可行	5	4	3	2	1
15. 在儿童游戏权保护中，国家和政府应该承担主要责任	5	4	3	2	1
16. 为保障儿童游戏权，应给予儿童充分游戏时间	5	4	3	2	1
17. 为保障儿童游戏权，应给予儿童充分游戏空间	5	4	3	2	1
18. 为保障儿童游戏权，应给予儿童足够的游戏设施	5	4	3	2	1
19. 树立正确的儿童观是保障儿童游戏权的根本	5	4	3	2	1

附录3　幼儿教师儿童游戏
权利观的访谈提纲

1. 您觉得为什么在孩子们口中会有"老师的游戏"和"我们自己的游戏"之分？

2. 您认为游戏进入幼儿园课程是否有必要？如无必要，为什么？

3. 您觉得儿童游戏时是否需要成人介入？

4. 您认同"成人的介入会破坏或终止儿童游戏"这一说法吗？为什么？

5. 为什么多年来"游戏困境"（口头上、理论上重视；行动上、实践上轻视儿童游戏）一直存在？

6. 以教学为目的、游戏为手段的"教学性游戏"还能称为游戏吗？

7. 对于儿童的游戏安全，您觉得应该采取哪些措施来保护？

8. 您是如何理解《儿童权利公约》中第31条规定的游戏权之游戏？

9. 您觉得如何保障《儿童权利公约》中规定的儿童游戏权？

10. 您觉得有必要通过立法来确保儿童游戏权吗？

幼儿家长儿童游戏权利观的访谈提纲

1. 您觉得"玩"和"学习"是对立的吗？

2. 您认同"儿童有玩的权利"这个观点吗？

3. 您觉得儿童"玩"多了会耽误学习吗？

4. 您认同"儿童玩的时候其实也是在学习"这一说法吗？为什么？

5. 您认为有必要通过立法来保障孩子"玩"的权利吗？

6. 您认为应该给孩子们尽情玩耍创造有利的条件吗？

7. 您认为成人有义务为孩子创造安全的玩耍的环境吗？

8. 您认为怎样做才能确保孩子玩的权利得到充分实现？

附录 4　幼儿家长及教师对待幼儿游戏活动的行为观察记录表

表 1 家长给予幼儿游戏活动时间情况记录表

观察项目：游戏时间

观察对象：　　　　　观察地点：　　　　　观察者：

观察日期	游戏项目	游戏过程描述	游戏时间记录

表 2 幼儿教师对待幼儿开展游戏活动的行为记录表

观察项目：游戏空间

观察对象：　　　　　观察地点：　　　　　观察者：

观察日期	游戏项目	游戏过程描述	游戏空间记录 （场地面积、游戏人数及拥挤程度）

观察项目：游戏材料

观察对象：　　　　　观察地点：　　　　　观察者：

观察日期	游戏项目	游戏过程描述	游戏材料记录 （游戏材料种类及满足程度）

观察项目：游戏安全

观察对象：　　　　　　　观察地点：　　　　　　　观察者：

观察日期	游戏项目	游戏过程描述	游戏安全记录 （身体安全、心理安全及干预状况）

附录 5　联合国《儿童权利公约》全文

（1989 年 11 月 20 日联合国大会通过）

序言

本公约缔约国，考虑到按照《联合国宪章》所宣布的原则，对人类家庭所有成员的固有尊严及其平等和不移的权利的承认，乃是世界自由、正义与和平的基础，铭记联合国人民在《宪章》中重申对基本人权和人格尊严与价值的信念，并决心促成更广泛自由中的社会进步及更高的生活水平，认识到联合国在《世界人权宣言》和关于人权的两项国际公约中宣布和同意：人人有资格享受这些文书中所载的一切权利和自由，不因种族、肤色、性别、语言、宗教、政治或其他观点、国籍或社会出身、财产、出生或其他身份等而有任何区别，回顾联合国在《世界人权宣言》中宣布：儿童有权享受特别照料和帮助，深信家庭作为社会的基本群体，作为家庭所有成员，特别是儿童生长和幸福的自然环境，应获得必要的保护和帮助，以充分担负起它在社区的责任，认识到为了充分而和谐地发展其个性，儿童应该在家庭环境里，在幸福、爱抚和理解的气氛中成长，考虑到儿童应该做好在社会上独立生活的准备，在《联合国宪章》宣布的理想的精神下，特别是在和平、尊严、宽容、自由、平等和团结的精神下，抚育他们成长，铭记给予儿童特殊照料的需要已在 1924 年《日内瓦儿童权利宣言》和 1959 年 11 月 20 日大会通过的《儿童权利宣言》中予以申明，并且在《世界人权宣言》、《公民权利和政治权利国际公约》（特别是第 23 条和第 24 条）、《经济、社会、文化权利国际公约》（特别是第 10 条）以及关心儿童福利的各专门机构和国际组织的章程及有关文书中得到确认，铭记如《儿童权利宣言》所示，"儿童因身心尚未成熟，在其出生以前和以后均需要特殊的保护和照料，包括适当的法律上的保护"，回顾颁布了《关于儿童保护和儿童福利、特别是国内和国际寄养和收养办法的社会和法律原则宣言》、《联合国少年司法最低限度标准规则》（北京规则）以及《在非常状态下和武装冲突中保护妇女和儿童宣言》，认识到世界各国都有生活在极端困难情况下的儿童，这些儿童需要给予特别的照顾，适当考虑每一民族的传统及文化价值对儿童的保护及和谐发展的重要性，认识国际合作对于改善每一个国家，特别是发展中国家儿童的生活条件的重要性，兹协议如下：

第一部分

第 1 条

为本公约之目的，儿童系指 18 岁以下的任何人，除非对其适用之法律规定成年年龄低于 18 岁。

第 2 条

1. 缔约国应尊重本公约所载列的权利，并确保其管辖范围内的每一个儿童均享受此种权利，不因儿童或其父母或法定监护人的种族、肤色、性别、语言、宗教、政治或其他观点、民族、族裔或社会出身、财产、伤残、出生或其他身份而有任何歧视。

2. 缔约国应采取一切适当措施确保儿童得到保护，不应该基于儿童父母、法定监护人或家庭成员的身份、活动、所表达的观点或信仰而受到一切形式的歧视或惩罚。

第 3 条

1. 涉及儿童的一切行为，不论是由公立或私立社会福利机构、法院、行政当局或立法机构执行，均应以儿童的最大利益为一种首要考虑。

2. 缔约国应承担确保儿童享有其幸福所必需的保护和照顾，考虑其父母、法定监护人或任何对其负有法律责任的个人的权利和义务，并为此采取一切适当的立法和行政措施。

3. 缔约国应确保负责照料或保护儿童的机构、服务部门及设施符合主管当局规定的标准，尤其是安全、卫生、工作人员数目和资格以及有效监督等方面的标准。

第4条

缔约国应采取一切适当的立法、行政和其他措施以实现本公约所允许的权利。关于经济、社会及文化权利，缔约国应根据其现有资源所允许的最大限度并视需要在国际合作范围内采取此类措施。

第5条

缔约国应尊重父母的责任、权利和义务，在个别地区尊重当地习俗认定的家族或社区成员、法定监护人或其他对儿童负有法律责任的人以符合儿童不同阶段接受能力的方式适当指导和帮助儿童先例本公约所允许的权利。

第6条

1. 缔约国承认每个儿童享有固有的生命权。

2. 缔约国应最大限度地确保儿童的生存与发展。

第7条

1. 儿童出生后应立即登记，并有自出生之日起获得姓名的权利，有获得国籍的权利，以及尽可能知道谁是其父母并受其父母照料的权利。

2. 缔约国应确保这些权利按照本国法律及其根据有关国际文书在这一领域所做承诺予以实施，尤应注意不如此儿童即无国籍。

第8条

1. 缔约国承担尊重儿童维护其身份包括法律所承认的国籍、姓名及家庭关系而不受非法干扰的权利。

2. 如有儿童被部分或全部非法剥夺其身份者，缔约国应提供适当协助和保护，以便迅速重新确立其身份。

第9条

1. 缔约国应确保不违背儿童父母的意愿使儿童与父母分离，除非主管当局按照适当的法律和程序，经法院审查，判定这样的分离符合儿童的最大利益而确有必要。在诸如由于父母的虐待或忽视，或因父母分居而必须确定儿童居住地点的特殊情况下，这种裁决可能有必要。

2. 凡按本条第 1 款进行诉讼，均应给予所有有关方面以参加诉讼并阐明自己意见的机会。

3. 缔约国应尊重与父母一方或双方分离的儿童同父母经常保持个人关系及直接交往的权利，但违反儿童最大利益者除外。

4. 如果这种分离是因缔约国对父母一方或双方或对儿童所采取的任何行动，诸如拘留、监禁、流放、驱逐或死亡（包括该人在该国拘禁中因任何原因而死亡）所致，该缔约国应按请求将该家庭所缺成员下落的基本情况告知父母、儿童或视具体情况告知家庭其他成员，除非提供这类情况会有损儿童的福利，缔约国还应确保有关人员不致因提出这类请求而承受不利后果。

第 10 条

1. 按照第 9 条第 1 款所规定的缔约国的义务，对于儿童或其父母要求进入或离开一缔约国以便与家人团聚的申请，缔约国应以积极的人道主义态度迅速予以办理。缔约国还应确保申请人及其家庭成员不致因提出这类请求而承受不利后果。

2. 父母居住在不同国家的儿童，除特殊情况以外，应有权同父母双方经常保持个人关系和直接联系。为此目的，按照第 9 条第 1 款所规定的缔约国的义务，缔约国应尊重儿童及其父母离开，包括其本国在内的，任何国家和进入自己国家的权利。离开任何国家的权利只应受法律所规定并为保护国家安全、公共秩序、公共卫生或道德，或他人的权利和自由所必需且与本公约所承认的其他权利不相抵触的限制。

第 11 条

1. 缔约国应采取措施制止非法将儿童转移国外和不使其返回本国的行为。

2. 为此目的，缔约国应致力缔结双边或多边协定或加入现有协定。

第 12 条

1. 缔约国应确保能够形成自己看法的儿童有权对影响儿童的一切事项自由发表自己的意见，对儿童的意见应按照其年龄和成熟程度给以适当的重视。

2. 为此目的，儿童应特别享有机会在影响到儿童的任何司法和行政诉讼中阐述见解，以符合国家法律的诉讼规则的方式，直接或通过代表或适当机构陈述意见。

第13条

1. 儿童应有自由发表言论的权利，此项权利应包括通过口头、书面或印刷、艺术形式或儿童所选择的任何其他媒介，不论国界，寻求、接受和传递各种信息和思想的自由。

2. 此项权利的行使可受某些制约，但这些制约仅限于法律所规定并有必要：

（a）尊重他人的权利和名誉；

（b）保护国家安全或公共秩序或公共卫生或道德。

第14条

1. 缔约国应尊重儿童享有思想、信仰和宗教自由的权利。

2. 缔约国应尊重父母，适当的时候尊重法定监护人的权利和义务，以符合儿童不同阶段接受能力的规律指导儿童行使其权利。

3. 表明个人宗教或信仰的自由，仅受法律所描述的限制并为保护公共安全、秩序、卫生或道德或他人之基本权利和自由所必需的这类限制约束。

第15条

1. 缔约国认识到儿童享有结社自由及和平集会自由的权利。

2. 对此项权利的行使不得加以限制，除非符合法律所规定并在民主社会中为国家安全或公共安全、公共秩序、保护公共卫生或道德或保护他们的权利和自由所必需。

第16条

1. 儿童的隐私、家庭、住宅或通信不受任意或非法干涉，其荣誉和名誉不受非法攻击。

2. 儿童有权享受法律保护，以免受这类干涉或攻击。

第17条

缔约国认识到大众传播媒介的重要作用，并应确保儿童能够从不同的国家和国际渠道获得信息和资料，尤其是旨在促进其社会、精神和道德福利和身心健康的信息和资料。为此目的，缔约国应：

（a）鼓励大众传播媒介本着第29条的精神传播在社会和文化方面有益于儿童的信息和资料；

（b）鼓励在交流和传播来自不同文化、国家和国际渠道的这类信息和资料方面进行国际合作；

（c）鼓励儿童读物的制作和发行；

（d）鼓励根据第13条和第18条的规定制定适当的准则，保护儿童不受损害其福利的信息和资料之类。

第18条

1. 缔约国应尽其最大努力，确保父母双方对儿童的养育和发展负有共同责任的原则得到认可。父母或视具体情况而定的法定监护人对儿童的养育和发展负有首要责任。儿童的最大利益将是他们主要关心的事。

2. 为保证和促进本公约所列举的权利，缔约国应在父母和法定监护人履行其抚养儿童的责任方面给予适当协助，并应确保育儿机构、设施和服务的发展。

3. 缔约国应采取一切适当措施确保就业父母的子女有权享受他们有资格得到的托儿服务和设施。

第19条

1. 缔约国应采取一切适当的立法、行政、社会和教育措施，保护儿童在受父母、法定监护人或其他任何负责照管儿童的人的照料时，不致受到任何形式的身心摧残、伤害或凌辱，忽视或照料不周，虐待或剥削，包括性侵犯。

2. 这类保护性措施应酌情包括采取有效程序以建立社会方案，向儿童和负责照管儿童的人提供必要的支助，采取其他预防形式，查明、报告、查询、调查、处理和追究前述的虐待儿童事件，以及在适当时候进行司法干预。

第20条

1. 暂时或永久脱离家庭环境的儿童，或为其最大利益不得在这种环境中继续生活的儿童，应有权得到国家的特别保护和协助。

2. 缔约国应按照本国法律确保此类儿童得到其他方式的照顾。

3. 这种照顾应该包括寄养、伊斯兰法的"卡法拉"（监护）、收养或者必要时安置在适当的育儿机构中。在考虑解决办法时，应适当注意有必要使儿童的培养教育具有连续性和注意儿童的族裔、宗教、文化和语言背景。

第21条

凡承认和（或）允许收养制度的国家应确保以儿童的最大利益为首要考虑并应：

（a）确保只有经主管当局按照适用的法律和程序并根据所有有关可靠的资料，判定鉴于儿童有关父母、亲属和法定监护人方面的情况可允许收养，必要时有关人士可根据已商议的结果对收养表示同意，方可批准儿童的收养；

（b）认识到如果儿童不能安置于寄养或收养家庭，或不能以任何适当的方式在儿童原籍国加以照料，跨国收养可视为照料儿童的一个替代办法；

（c）确保得到跨国收养的儿童享有与本国收养相当的保障和标准；

（d）采取一切适当措施确保跨国收养的安排不致使所牵涉人士获得不正当的财务收益；

（e）在适当时通过制定双边或多边安排或协定推进本条款的目标，并在这一范围内努力确保由主管当局或机构负责安排儿童在另一国收养的事宜。

第22条

1. 缔约国应采取适当措施，确保申请难民身份的儿童或按照适用的国际法或国家法及程序可视为难民的儿童，不论有无父母或其他任何人的陪同，均可得到适当的保护和人道主义援助，以享有本公约和该有关国家为其缔约国的其他国际人权或人道主义文书所规定的可适用权利。

2. 为此目的，缔约国应对联合国和与联合国合作的其他主管的政府间组织或非政府组织所做的任何努力提供其认为适当的合作，以保护和援助这类儿童，并为只身的难民儿童追寻其父母或其家庭成员，以获得必要的消息使其与家庭团聚。在寻找不到父母或其他家庭成员的情况下，也应使该儿童获得与其他由于任何原因而永久或暂时脱离家庭环境的儿童按照本公约的规定所得到的同样保护。

第23条

1. 缔约国认识到身心有残疾的儿童应能在确保其尊严、促进其自立、有利于其积极参与社会生活条件下享有充实而适当的生活。

2. 缔约国认识到残疾儿童有接受特别照顾的权利，应鼓励并确保在现有资源范围内，与正常儿童和其照料者的接触，依据申请，斟酌儿童及其父母或其他照料人的情况，提供援助。

3. 鉴于残疾儿童的特殊需要，考虑到儿童的父母或其他照料人的经济情况，在可能时应免费提供按照本条第2款给予的援助，这些援助的目的应是确保残疾儿童能有效地获得和接受教育、培训、保健、康复服务、就业准备和娱乐机会，其方式应有助于该儿童尽可能充分地参与社会，实现个人包括其文化和精神方面的发展。

4. 缔约国应本着国际合作精神，在预防保健以及残疾儿童的医疗、心理治疗和功能治疗领域促进交换适当资料，包括散发和获得有关康复教育方法和职业服务方面的资料，以期使缔约国能够在这些领域提高其能力和技术并扩大其经验。在这方面，应特别考虑到发展中国家的需要。

第24条

1. 缔约国认识到儿童有权享有可达到的最高标准和健康，并享有医疗和康复设施。缔约国应努力确保没有任何儿童被剥夺获得这种保健服务的权利。

2. 缔约国应致力充分实现这一权利，特别是应采取适当措施，以：

（a）降低婴幼儿死亡率；

（b）确保向所有儿童提供必要的医疗援助和保健，强调发展初级保健；

（c）消除疾病和营养不良现象，包括在初级保健范围内利用现有可得的技术和提供充足的营养食品和清洁饮水，要考虑到环境污染的危害；

（d）确保母亲得到适当的产前和产后保健；

（e）确保向社会各阶层，特别是向父母和儿童介绍有关儿童卫生保健和营养、母乳喂养的益处、个人卫生和环境卫生及防止意外事故的基本知识，使他们得到这方面的教育并帮助他们应用这种基本知识；

（f）开展预防保健、对父母的指导及计划生育的教育和服务。

3. 缔约国应致力采取一切有效和适当的措施，废除对儿童身心健康有害的传统习俗。

4. 缔约国承担促进和鼓励国际合作，以期逐步充分实现本条所确认的权利。在这方面，应特别考虑到发展中国家的需要。

第 25 条

缔约国认识到在有关当局为照料、保护或治疗儿童身心健康的目的下受到安置的儿童，有权获得对给予的治疗以及与所受安置有关的所有其他情况进行定期审查。

第 26 条

1. 缔约国应认识到每个儿童有权受益于社会保障，包括社会保险，并应根据其国内法律采取必要措施充分实现这一权利。

2. 视情况，福利的提供应是免费的，并要考虑儿童及有赡养儿童义务的人的资源和环境，以及与儿童本人或代其提出的福利申请有关的其他因素。

第 27 条

1. 缔约国认识到每一个儿童均有权享有足以促进其生理、心理、精神、道德和社会发展的生活水平。

2. 父母或其他负责照顾儿童的人负有首要责任在其能力和经济条件许可范围内确保儿童发展所需的生活条件。

3. 缔约国按照本国条件并在其能力范围内，采取适当措施帮助父母或其他负责照顾儿童的人实现此项权利，并在需要时提供物质援助和资助方案，特别是在营养、衣着和住房方面。

4. 缔约国应采取一切适当措施，向在本国境内或境外儿童的父母或其他对儿童负有经济责任的人追索儿童的赡养费。特别是对儿童负有经济责任的人居住在与儿童不同的国家的情况时，缔约国应促进加入国际协定或缔约此类协定以及作出其他适当安排。

第 28 条

1. 缔约国认识到儿童有受教育的权利，在机会均等的基础上逐步实现此项权利，缔约国尤应：

（a）尽力实现全面的义务免费小学教育；

（b）鼓励发展不同形式的中学教育，包括普通和职业教育，使所有儿童均能享有和接受这种教育，并采取适当措施，诸如实行免费教育和对有需要的人提供津贴；

（c）根据能力尽可能使所有人享受接受高等教育的机会；

（d）使所有儿童均能得到教育和职业方面的信息和指导；

（e）采取措施鼓励学生按时出勤和降低辍学率。

2. 缔约国应采取一切适当措施，确保学校执行纪律的方式符合儿童的人格尊严及本公约的规定。

3. 缔约国应促进和鼓励有关教育事项方面的国际合作，特别着眼于在全世界消灭愚昧与文盲，并且提供便利获得科技知识和现代教学方法。在这方面，应特别考虑到发展中国家的需要。

第 29 条

1. 缔约国一致认为教育儿童的目的应是：

（a）最充分地发展儿童的个性、才智和身心能力；

（b）培养对人权和基本自由以及《联合国宪章》所载各项原则的尊重；

（c）培养对儿童的父母、其自身的文化认可、语言和价值观、儿童所居国家的民族价值观、其原籍国以及不同于其本国文明的尊重；

（d）培养儿童本着各国人民、族裔、民族和宗教群体以及原为土著居民之间的谅解、和平、宽容、男女平等和友好的精神，在自由社会里过有责任感的生活；

（e）培养对自然环境的尊重。

2. 对本条或第 28 条任何部分的解释均不得干涉个人和团体建立和指导教育机构的自由，但须始终遵守本条第 1 款载列的原则，并遵守在这类机构中实行的教育应符合国家可能规定的最低限度标准的要求。

第 30 条

在那些存有族裔、宗教或语言方面属于少数人或原为土著居民的国家里，不得剥夺属于这种少数人或原为土著居民的儿童与其群体的其他成员共同享有自己的文化、信奉自己的宗教并举行宗教仪式或使用自己的语言的权利。

第 31 条

1. 缔约国认识到儿童有权享有休息和闲暇，从事与儿童年龄相宜的游戏和娱乐活动，以及自由参加文化生活和艺术活动。

2. 缔约国应尊重并促进儿童充分参加文化和艺术生活的权利，并应鼓励提供从事文化、艺术、娱乐和休闲活动的适当和均等的机会。

第 32 条

1. 缔约国认识到儿童有权受到保护，以免受到经济剥削和从事任何可能障碍或影响儿童教育或有害儿童健康或身体、心理、精神、道德或社会发展的工作。

2. 缔约国应采取立法、行政、社会和教育措施确保本条得到执行。为此目的，并鉴于其他国际文书的有关规定，缔约国尤应：

（a）规定受雇的最低年龄；

（b）规定有关工作时间和条件的适当规则；

（c）规定适当的惩罚或其他制裁措施以确保本条得到有效执行。

第 33 条

缔约国应采取一切适当措施，包括立法、行政、社会和教育措施，保护儿童不致非法使用有关国际条约中界定的麻醉药物和精神药物，并防止利用儿童从事非法生产和贩运此类药物。

第 34 条

缔约国承担保护儿童免遭一切形式的色情剥削和性侵犯之害，为此目的，缔约国尤应采取一切适当的国家、双边和多边措施，以防止：

（a）引诱或强迫儿童从事任何非法的性活动；

（b）利用儿童卖淫或从事其他非法的性行为；

（c）利用儿童进行淫秽表演和充当淫秽题材。

第 35 条

缔约国应采取一切适当的国家、双边和多边措施，以防止为任何目的或以任何形式诱拐、买卖或贩运儿童。

第 36 条

缔约国应保护儿童免遭有损儿童福利的任何方面的一切其他形式的剥削之害。

第 37 条

缔约国应确保：

（a）任何儿童不受酷刑或其他形式的残忍、不人道或有辱人格的待遇或处罚。对未满 18 岁的人所犯罪不得判以死刑或无释放可能的无期徒刑；

（b）不得非法或任意剥夺任何儿童的自由。对儿童的逮捕、拘留或监禁应符合法律规定并仅应作为最后手段，期限应为最短的适当时间；

（c）所有被剥夺自由的儿童应受到人道待遇，其人格固有尊严应受尊重，并应考虑到用其年龄段所需要的方式加以对待。特别是所有被剥夺自由的儿童应同成人隔开，除非认为反之最有利于儿童，并有权通过信件和探访同家人保持联系，但特殊情况除外；

（d）所有被剥夺自由的儿童均有权迅速获得法律及其他适当援助，并有权向法院或其他独立公正的主管当局就其被剥夺自由一事之合法性提出异议，并有权迅速就任何此类行动得到裁定。

第 38 条

1. 缔约国承担尊重并确保尊重在武装冲突中对其适用的国际人道主义法律中有关儿童的规定。

2. 缔约国应采取一切可行措施确保未满 15 岁的人不直接参加敌对行动。

3. 缔约国应避免招募任何年龄未满 15 岁的人加入武装部队。在招募已年满 15 岁但未满 18 岁的人时，缔约国应极力首先考虑年龄最大者。

4. 缔约国按照国际人道主义法律规定它们在武装冲突中保护平民人口的义务，应采取一切可行性措施确保保护和照料受武装冲突影响的儿童。

第 39 条

缔约国应采取一切适当措施，促使遭受下述情况之害的儿童身心得以康复并重返社会：任何形式的忽视、剥削或凌辱虐待；酷刑或任何其他形式的残忍、不人道或有辱人格的待遇或处罚；或武装冲突。此种康复和重返社会应在一种能促进儿童的健康、自尊和尊严的环境中进行。

第 40 条

1. 缔约国认识到被指称、指控或认为触犯刑法的儿童有权得到符合以下方式的待遇，促进其尊严和价值感并增强其对他人的人权和基本自由的尊重。这种待遇应考虑到其年龄和促进其重返社会并在社会中发挥积极作用的愿望。

2. 为此目的，并鉴于国际文书的有关规定，缔约国尤应确保：

（a）当儿童有意或无意地做出了违犯国家或国际法所尚未禁止的行为时，不应被指控或被认为违犯了刑法；

（b）所有被指称或指控触犯刑法的儿童至少应得到下列保证：

（Ⅰ）在依法判定有罪之前应视为无罪；

（Ⅱ）迅速直接地被告知其被控罪名，适当时应通过其父母或法定监护人告知，并获得准备和提出辩护所需的法律或其他适当协助；

（Ⅲ）要求独立公正的主管当局或司法机构在其得到法律或其他适当协助的情况下，通过依法公正审理迅速作出判决，并且须有其父母或法定监护人在场，除非认为这样做不符合儿童的最大利益，特别要考虑到其年龄或状况；

（Ⅳ）不得逼供信，当事人应检查或由其代言人盘问对本人不利的人，在不平等条件下受其委托向证人取证；

（Ⅴ）若被判定触犯刑法，有权要求高一级独立公正的主管当局或司法机构依法复查此判决及由此对之采取的任何措施；

（Ⅵ）若儿童不懂或不会说所用语言，有权免费得到口译人员的协助；

（Ⅶ）其隐私在诉讼的所有阶段均得到充分尊重。

3. 缔约国应致力于促进或建立专门适用于被指称、指控或确认为触犯刑法的儿童的法律、程序、当局和机构，尤应：

（a）规定最低年龄，在此年龄以下的儿童应视为无触犯刑法之能力；

（b）在适当和必要的时候，制定不对此类儿童诉诸司法程序的措施，但须充分尊重人权和法律保障。

4. 应采用多种处理办法，诸如照管、指导和监督令、辅导、察看、寄养、教育和职业培训方案及不交由机构照管的其他办法，以确保处理儿童的方式符合其福利并与其情况和违法行为相称。

第41条

本公约的任何规定不应影响有利于实现儿童权利且可能载于下述文件中的任何规定：

（a）缔约国的法律；

（b）对该国有效的国际法。

第二部分

第42条

缔约国承担以适当的积极手段，使成人和儿童都能普遍知晓本公约原则及规定的责任。

第43条

1. 为审查缔约国在履行根据本公约所承担的义务方面取得的进展，应设立儿童权利委员会，执行下文所规定的职能。

2. 委员会应由10名品德高尚并在本公约所涉领域具有公认能力的专家组成。委员会成员应由缔约国从其国民中选出，并应以个人身份任职，但需考虑到公平的地域分配原则及主要法律系统。

3. 委员会成员应以无记名表决方式从缔约国提名的人选名单中选举产生。每一缔约国可从其本国国民中提名一位人选。

4. 委员会的初次选举应该最迟不晚于本公约生效之日后的六个月进行，此后每两年举行一次。联合国秘书长应至少在选举之日前四个月函请缔约国在两个月内提出其提名的人选。秘书长随后应将已提名的所有人选按字母顺序编成名单，注明提名此等人选的缔约国，分送本公约缔约国。

5. 选举应在联合国总部由秘书长召开的缔约国会议上进行。在此等会议上，应以三分之二缔约国出席作为会议的法定人数，得票最多且占出席并参加表决缔约国代表绝对多数票者，当选为委员会成员。

6. 委员会成员任期四年。成员如获再次提名，应可连选连任。在第一次选举产生的成员中有 5 名成员的任期应在两年结束时届满；会议主席应在第一次选举之后立即以抽签方式选定 5 名成员。

7. 如果委员会某一成员死亡或辞职或宣称因任何其他原因不再能履行委员会的职责，提名该成员的缔约国应从其国民中指定另一名专家接替余下的任期，但需经委员会批准。

8. 委员会应自行制定其议事规则。

9. 委员会应自行选举其主席团成员，任期两年。

10. 委员会会议通常应在联合国总部或在委员会决定的任何其他方便地点举行。委员会通常应每年举行一次会议。委员会的会期应由本公约缔约国会议决定并在必要时加以审查，但需经大会核准。

11. 联合国秘书长应为委员会有效履行本公约所规定的职责提供必要的工作人员和设施。

12. 根据本公约设立的委员会的成员经大会核准，得从联合国资金中领取薪酬，其条件由大会决定。

第 44 条

1. 缔约国承担义务，按下述办法，通过联合国秘书长，向委员会提交关于它们为实现本公约确认的权利所采取的措施以及关于这些权利的享有方面的进展情况的报告：

（a）在本公约对有关缔约国生效后两年内；

（b）此后每五年一次。

2. 根据本条提交的报告应指明可能影响本公约规定的义务履行程度的任何因素和困难。报告还应载有充分的资料，以使委员会全面了解本公约在该国的实施情况。

3. 缔约国若已向委员会提交全面的初次报告，就无须在其以后按照本条款第 1 款第（2）项提交的报告中重复原先已提供的基本资料。

4. 委员会可要求缔约国进一步提供与本公约实施情况有关的资料。

5. 委员会将通过经济及社会理事会每两年向大会提交一次关于

其活动的报告。

6. 缔约国将向其本国的广大公众提供其报告。

第 45 条

为促进本公约的有效实施和鼓励在本公约所涉领域进行国际合作：

（a）各专门机构、联合国儿童基金会和联合国的其他机构应有权派代表列席对本公约中属于它们职责范围内的条款的实施情况的审议。委员会可邀请各专门机构、联合国儿童基金会以及它可能认为合适的其他有关机关，就本公约在属于它们各自职责范围内的领域的实施问题提供专家意见。委员会可邀请各专门机构、联合国儿童基金会和联合国其他机构就本公约在属于它们活动范围内的领域的实施情况提交报告；

（b）委员会在其可能认为适当时应向各专门机构、联合国儿童基金会和其他有关机构转交缔约国要求，或说明需要技术咨询或援助的任何报告以及委员会就此类要求或说明提出的任何意见和建议；

（c）委员会可建议大会请秘书长代表委员会对有关儿童权利的具体问题进行研究；

（d）委员会可根据依照本公约第 44 条和第 45 条收到的资料提出提议和一般性建议。此类提议和一般性建议应转交有关的任何缔约国并连同缔约国作出的任何评论一并报告大会。

第三部分

第 46 条

本公约应向所有国家开放供签署。

第 47 条

本公约须经批准。批准书应交存联合国秘书长。

第 48 条

本公约应向所有国家开放供加入。加入书应交存于联合国秘书长。

第 49 条

1. 本公约自第二十份批准书或加入书交存联合国秘书长之日后

的第三十天生效。

2. 本公约对于在第二十份批准书或加入书交存之后批准或加入本公约的国家，自其批准书或加入书交存之日后的第三十天生效。

第 50 条

1. 任何缔约国均可提出修正案，提交给联合国秘书长。秘书长应立即将提议的修正案通知缔约国，并请它们表明是否赞成召开缔约国会议以审议提案并进行表决。如果在此类通知发现之日后的四个月内，至少有三分之一的缔约国赞成召开这样的会议，秘书长应在联合国主持下召开会议。经出席会议并参加表决的缔约国多数通过的任何修正案应提交大会批准。

2. 根据本条第 1 款通过的修正案若获大会批准并为缔约国三分之二多数所接受，即行生效。

3. 修正案一旦生效，即应对接受该项修正案的缔约国具有约束力，其他缔约国则仍受本公约各项条款和它们已接受的任何早先的修正案的约束。

第 51 条

1. 联合国秘书长应接收各国在批准或加入时提出的保留，并分发给所有国家。

2. 不得提出内容与本公约目标和宗旨相抵触的保留。

3. 缔约国可随时向联合国秘书长提出通知，请求撤销保留，并由他将此情况通知所有国家。通知于秘书长收到当日起生效。

第 52 条

缔约国可以书面通知联合国秘书长其退出本公约。秘书长收到通知之日起一年后退约即行生效。

第 53 条

指定联合国秘书长为本公约的保管人。

第 54 条

本公约的阿拉伯文、中文、英文、法文、俄文和西班牙文文本具有同等效力，应交存联合国秘书长。

经各自政府正式授权的全权代表，在本公约上签字，以资证明。

参考文献

中文文献

［德］ H. 科殷：《法哲学》，林荣远译，华夏出版社 2002 年版。

［德］ 福禄倍尔：《人的教育》，孙祖复译，人民教育出版社 2003 年版。

［德］ 马克思等：《马克思恩格斯选集》（第三卷），人民出版社 1972 年版。

［德］ 康德：《判断力批判》（上册），商务印书馆 1996 年版。

［德］ 考夫曼：《法律哲学》，刘幸义等译，法律出版社 2004 年版。

［德］ 席勒：《审美教育书简》，冯至等译，北京大学出版社 1985 年版。

［法］ 卢梭：《爱弥尔》（上卷），李平沤译，商务印书馆 1985 年版。

［法］ 内罗杜：《古罗马的儿童》，广西师范大学出版社 2005 年版。

［法］ 圣西门：《圣西门选集》（下卷），何清新译，商务印书馆 1962 年版。

［古希腊］ 亚里士多德：《政治学》，吴寿彭译，商务印书馆 1965 年版。

［古希腊］ 柏拉图：《理想国》，郭斌和、张竹明译，商务印书馆 1986 年版。

［荷］ 约翰·胡伊青加：《人：游戏者——对文化中游戏因素的研究》，成穷译，贵州人民出版社 1998 年版。

［捷］ 夸美纽斯：《大教学论》，傅任敢译，教育科学出版社 1999 年版。

［美］ E. 博登海默：《法理学——法哲学及其方法》，邓正来、姬敬武译，华夏出版社 1987 年版。

［美］ 杜威：《民主主义与教育》，王承绪译，人民教育出版社 2001 年版。

［美］杰·福雷斯特：《游戏与儿童发展》，唐晓娟、张胤等译，江苏
　　教育出版社 2011 年版。

［美］杰克·唐纳利：《普遍人权的理论与实践》，王浦劬译，中国社
　　会科学出版社 2001 年版。

［美］米尔恩：《人的权利与人的多样性——人权哲学》，夏勇等译，
　　中国大百科全书出版社 1995 年版。

［美］尼尔·波茨曼：《童年的消逝》，吴燕莛译，广西师范大学出版
　　社 2004 年版。

［美］沃伦·R. 本特森：《观察儿童——儿童行为观察记录指南》，
　　于开莲、王银玲译，人民教育出版社 2009 年版。

［美］约翰·罗尔斯：《正义论》，何怀宏等译，中国社会科学出版社
　　1988 年版。

［美］约翰逊等：《儿童游戏》，吴幸玲、郭静晃译，扬智文化事业股
　　份有限公司 1994 年版。

［日］大宫勇雄：《提高幼儿教育质量》，李季湄译，华东师范大学出
　　版社 2009 年版。

［日］高杉自子：《与孩子们共同生活——幼儿教育的原点》，王小英
　　译，华东师范大学出版社 2009 年版。

［日］小原国芳：《小原国芳教育论著选》，人民教育出版社 1993 年版。

［意］昆体良：《昆体良教育论著选》（第 2 版），任钟印译，人民教
　　育出版社 2001 年版。

［英］A. E. 泰勒：《柏拉图——生平及其著作》，谢随知译，山东人
　　民出版社 1996 年版。

［英］洛克：《教育漫话》，傅任敢译，人民教育出版社 1985 年版。

［英］欧文：《欧文选集》（第 2 卷），柯象峰译，商务印书馆 1981 年版。

北京市教育科学研究所编：《陈鹤琴教育文集》（上卷），北京出版社
　　1985 年版。

边霞：《儿童的艺术与艺术教育》，江苏教育出版社 2006 年版。

蔡淑苓：《游戏理论与应用——以幼儿游戏与幼儿教师教学为例》，五
　　南图书出版股份有限公司 2004 年版。

曾昭耀等：《当今墨西哥教育概览》，河南教育出版社 1994 年版。

陈帼眉等：《亲子游戏有待开发》，《学前教育》1996 年第 6 期。

储朝晖：《中国幼儿教育忧思与行动》，南京师范大学出版社 2008
  年版。

丁海东：《儿童教育的人文解读》，山东教育出版社 2008 年版。

丁海东：《儿童游戏权的价值及其在中国的现实困境》，《东北师范大
  学学报》（哲学社会科学版）2010 年第 5 期。

丁海东：《论儿童游戏的生活本质》，《山东师范大学学报》（人文社
  会科学版）2003 年第 3 期。

冯建军：《当代主体教育论——走向类主体的教育》，江苏教育出版社
  2004 年版。

冯建军：《制度化教育中的公正：难为与能为》，《教育科学研究》
  2007 年第 2 期。

龚向和：《理想与现实：基本权利可诉性程度研究》，《法商研究》
  2009 年第 4 期。

龚向和：《社会权的概念》，《河北法学》2007 年第 19 期。

龚向和：《受教育权论》，中国人民公安大学出版社 2004 年版。

关颖：《家庭教育之本：对儿童权利的尊重与保护》，《青少年犯罪问
  题研究》2009 年第 5 期。

管华：《儿童权利研究——义务教育阶段儿童的权利与保障》，法律出
  版社 2011 年版。

国际人权法教程项目组：《国际人权法教程第二卷（文件集）》，中国
  政法大学出版社 2002 年版。

何媛：《论保障儿童游戏的时间和空间》，《四川教育学院学报》2005
  年第 6 期。

胡金平等：《中外学前教育史》，高等教育出版社 2011 年版。

黄建武：《法的实现——法的一种社会学分析》，中国人民大学出版社
  1997 年版。

黄进：《儿童游戏文化引论》，南京师范大学出版社 2012 年版。

黄进：《游戏精神与幼儿教育》，江苏教育出版社 2006 年版。

康树华：《青少年法学》，北京大学出版社 1986 年版。

李步云等：《人权法的若干理论问题》，湖南人民出版社 2007 年版。

李步云等：《人权法的若干理论问题》，湖南人民出版社 2007 年版。

李季湄等：《〈3—6 岁儿童学习与发展指南〉解读》，人民教育出版社 2013 年版。

李敏：《试论中国中小学生的"游戏权"》，《江西教育科研》2006 年第 9 期。

李燕：《游戏与儿童发展》，浙江教育出版社 2008 年版。

联合国教科文组织国际教育发展委员会：《学会生存——教育世界的今天和明天》，教育科学出版社 1996 年版。

刘晶波：《师幼互动行为研究——我在幼儿园里看到了什么》，南京师范大学出版社 2003 年版。

刘晓东等：《学前教育学》（第三版），江苏教育出版社 2004 年版。

刘晓东：《儿童教育新论》（第二版），江苏教育出版社 2008 年版。

刘焱：《儿童游戏通论》，北京师范大学出版社 2004 年版。

刘智成：《幼儿园游戏与指导》，南开大学出版社 2017 年版。

鲁迅：《鲁迅散文（第一集）·我们现在怎样做父亲》，中国广播电视出版社 1992 年版。

吕世伦等：《法哲学论》，中国人民大学出版社 1998 年版。

倪洪涛：《大学生学习权及其救济研究——以大学和学生的关系为中心》，法律出版社 2010 年版。

牛津法律大辞典编纂委员会：《牛津法律大辞典》，光明日报出版社 1988 年版。

潘洪其：《毒玩具专销国内谁之过》，《理论导报》2011 年第 6 期。

庞丽娟、夏婧、韩小雨：《香港学前教育财政投入政策：特点及启示》，《教育发展研究》2010 年第 11 期。

庞丽娟等：《论教师教育观念与教育行为的关系》，《教育研究》2000 年第 7 期。

庞丽娟：《加快推进〈学前教育法〉立法进程》，《教育研究》2011 年第 8 期。

裴娣娜：《教育研究方法导论》，安徽教育出版社 1995 年版。

皮艺军：《儿童权利的文化解释》，《山东社会科学》2005 年第 8 期。

邱学青：《学前儿童游戏》（第四版），江苏教育出版社 2008 年版。

邱学青：《中国儿童游戏权利的社会保护问题》，《幼儿教育》1997 年第 6 期。

沈洪善：《蔡元培选集》，浙江教育出版社 1993 年版。

石镇嘉：《儿童游戏权之研究——从联合国儿童权利公约检视中国儿童游戏权之保障》，硕士学位论文，台北教育大学，2007 年。

史静寰、周采：《学前比较教育》，辽宁师范大学出版社 2008 年版。

世界著名法典汉译丛书编委会：《十二铜表法》，法律出版社 2000 年版。

谭旭东：《论童年的历史建构和价值确立》，《涪陵师范学院学报》2006 年第 6 期。

唐淑、钟昭华：《中国学前教育史》，人民教育出版社 2002 年版。

田学红：《教育科学研究方法指导》，浙江大学出版社 2006 年版。

王海英：《20 世纪中国儿童观研究的反思》，《华东师范大学学报》（教育科学版）2008 年第 2 期。

王焕镳：《韩非子选》，上海人民出版社 1974 年版。

王建学：《论社会保障权的司法保护》，《华侨大学学报》2006 年第 1 期。

王立民：《中国法制史》（第二版），上海人民出版社 2007 年版。

王雪梅：《儿童权利论：一个初步的比较研究》，社会科学文献出版社 2005 年版。

王勇民：《儿童权利保护的国际法研究》，法律出版社 2010 年版。

吴鹏飞：《嗷嗷待哺：儿童权利的一般理论与中国实践》，博士学位论文，苏州大学，2013 年。

吴幸玲：《儿童游戏与发展》，杨智文化事业股份有限公司 2001 年版。

吴允峰：《英国：防止虐童立法完备、高效》，《法制日报》2012 年 11 月 27 日第 2 版。

夏勇：《人权概念起源》，中国社会科学出版社 2007 年版。

夏勇：《中国民权哲学》，生活·读书·新知三联书店 2004 年版。

肖树清：《中国法制史简编》（上册），山西人民出版社 1981 年版。

徐青：《农村幼儿园教育"小学化"倾向的成因及纠正和预防》，《林区教学》2010 年第 1 期。

徐显明：《国际人权法》，法律出版社 2004 年版。

许崇德等：《人权思想与人权立法》，中国人民大学出版社 1992 年版。

杨改霞：《日本玩具标准 ST 2012 发布》，《轻工标准与质量》2012 年第 6 期。

杨丽珠：《教育科学研究方法》，辽宁师范大学出版社 2003 年版。

杨天宇：《礼记译注》，上海古籍出版社 2004 年版。

杨元花：《儿童游戏场地游戏安全的理论基础》，《太原城市职业技术学院学报》2005 年第 4 期。

姚建龙：《〈未成年人保护法〉的修订及其重大进展》，《当代青年研究》2007 年第 5 期。

姚伟：《儿童观及其时代性转换》，东北师范大学出版社 2007 年版。

尹力：《儿童受教育权：性质、内容与路径》，教育科学出版社 2011 年版。

袁贵仁：《价值学引论》，北京师范大学出版社 1991 年版。

张焕庭：《西方资产阶级论著选》，人民教育出版社 1979 年版。

张晋藩：《中国法制史》，高等教育出版社 2003 年版。

张文显：《二十世纪西方法哲学思潮研究》，法律出版社 1996 年版。

张文显：《法理学》（第二版），高等教育出版社 2003 年版。

张文显：《法哲学范畴研究》，中国政法大学出版社 2001 年版。

张艳芬：《中国玩具产品标准总体情况与强制性认证规则修订情况》，《玩具世界》2011 年第 1 期。

张扬：《西方儿童权利理论研究》，博士学位论文，吉林大学，2011 年。

赵祥麟等：《杜威教育论著选》，华东师范大学出版社 1981 年版。

郑名：《学前游戏论》，甘肃人民出版社 2010 年版。

中共中央马克思恩格斯列宁斯大林著作编译局：《马克思恩格斯全集》（第十九卷），人民出版社 1963 年版。

中国学前教育研究会：《中华人民共和国幼儿教育重要文献汇编》，北京师范大学出版社 1999 年版。

周采等：《外国学前教育史》，北京师范大学出版社 1999 年版。

周红安：《中西儿童观的历史演进及其在教育维度中的比较》，硕士学位论文，华中师范大学，2003 年。

周作人：《儿童文学小论》，河北教育出版社 2002 年版。

朱翠平：《幼儿园组织和开展高质量游戏的条件》，《学前教育研究》2011 年第 8 期。

外文文献

Geraldine van Bueren, *The International Law on the Rights of the Child*, Martinus Nijhoff Publishers, 1995, p. 19.

Sharon Detrick, *A Commentary on the United Nations Convention on the Rights of the Child*, Martinus Nijhoff Publishers, 1999, p. 67.

Andre Alen (ed.), *A Commentary on the United Nations Convention on the Rights of the Child*, Leiden: Nijhoff, 2005, p. 78.

David, Paulo, *Commentary on the United Nations Convention on the Rights of the Child*, *Article* 31: *The Right to Leisure*, *Play And Culture*, Martinus Nijhoff Publishers, Leiden. Boston, 2006, p. 47.

Clements, Rhonda L. & Fiorention, Lea, *The Child's Right to Play*: *a Global Approach*, Hofstra University, 2004, p. 96.

Ciara Davey & Laura Lundy, *Towards Greater Recognition of the Right to Play*: *An Analysis of Article* 31 *of the UNCRC*, Children & Society, Vol. 25, No. 3, June 2011.

Sharon Detrick, *A Commentary on the United Nations Convention on the Rights of the Child*, Kluwer Law International, 1999, p. 54.

Geraldine van Bueren, *The International Law on the Rights of the Child*, Martinus Nijhoff Publishers, 1999, p. 1.

Dvaid Cohen, *The Development of Play North Ryde* (*Austarlia*), Croom Helm Ltd. 1987, p. 20.

Samantha Brennan, Robert Noggle, *The Moral Status of Children*: *Children's Rights*, *Parents' Rights*, *and FamilyJustice*, Social Theory and Practice, 1997, p. 2.

Birgitta Rubenson, *The Rights of the Child in Swedish Development Cooperation*, Swedish International Development Coooeration Agenecy, 2002.

Colin Ward, *The Child in the City*, *London*. Architectural Press, 1977, p. 33.

Burghardt, G. M. , *The Genesis of Animal Play*: *Testing the Limits*. Cambridge, MA: MIT Press. 2005, p. 177.

Panksepp, J. , *The long Term Psychobiological Consequences of Infant E-motions*: *Prescriptiotwenty – first Century*. Infant Mental Health Journal. Vol. 15, No. 2, June 2007.

See Michael Freeman and Philip Veerman (eds.), *The Ideologies of Children's Rights*. Martinus Nijhoff Publishers, 1992, p. 60.

Hart, R. , *Stepping Back from "the Tadder"*: *Reflections on a Model of Participatory Work with children*, In: Reid, A. B. Participation and Learning: Perspectives on Education and the Environment. Health and Sustainability. Springer. 2008, pp. 19 – 31.

Sobel, D. , *Children's Special Places*. Detroit: Wayne State University Press, 2002, p. 86.

McEwen, B. , *Physiology and Neurobiology of Stress and Adaptation*: *Central Role of the Brain*, Physiological Review, 2007, pp. 873 – 904.

Greenaway, M. , *Play in Wales. In*: *Brown, F. and Taylor, C.* (Eds) Foundations of Playwork. Maidenhead, Open University Press. 2008, p. 165.

Kytta, M. , *Affordances of Children's Environments in the Context of Cities, Small Towns, Suburbs and Rural Villages in Finland and Belarus.* Journal of Environmental Psychology. 2004, pp. 109 – 123.

Fuller, F. & Bown, O. , *Becoming a Teacher. In K. Ryan* (*Ed.*), *Teacher Education* (*The 74th Yearbook of the Study of Education*). Chicago, IL: University of Chicago Press, 1975, p. 98.

Griffing, P. , *Encouraging Dramatic Play in Early Childhood*. Young Children, 1983, pp. 13 – 22.

电子文献

英国电子法规资料库 ［EB/OL］. http: //www. legislation. gov. uk/ukpga/2004/31/contents。

英国儿童游戏权公益组织 ［EB/OL］. http: //www. arunet. co. uk/fairplay/home. htm。

英国游戏场协会［EB/OL］.http：//www. fieldsintrust. org/。

英国游戏训练网［EB/OL］.http：//www. playtrn. demon. co. uk/index. htm。

英国文化、媒体和体育部［EB/OL］.http：//www. culture. gov. uk。

英国儿童游戏评议会［EB/OL］.http：//www. ncu. org. uk/cpc。

英国儿童游戏资讯服务网站［EB/OL］.http：//www. ncb. org. uk/cpis。

英国活跃技能网站［EB/OL］.http：//www. skillsactive. com。

英国大彩票基金网站［EB/OL］.http：//www. biglotteryfund. org. uk/。

［日］学校教育法［EB/OL］.http：//law. e – gov. go. jp/cgi – bin/idx-search. cgi。

［日］儿童福利法［EB/OL］.http：//law. e – gov. go. jp/cgi – bin/idx-search. cgi。

［日］厚生省网站［EB/OL］.http：//www. mhlw. go. jp。

［日］文部省终身学习政策局营造儿童居场所推进室网站［EB/OL］.http：//www. ibasyo. com。

台湾内政部儿童局网站［EB/OL］.http：//www. cbi. gov. tw。

台湾儿童人权协会［EB/OL］.http：//www. children – rights. org. tw。

台湾建筑学会［EB/OL］.http：//www. airoc. org. tw。

台湾靖娟儿童安全文教基金会［EB/OL］.http：//www. safe. org. tw。

国际儿童游戏权协会［EB/OL］.http：//ipaworld. org/category/about – us/declaration/。

联合国高级人权委员会［EB/OL］.http：//www. unhchr. ch/html/menu3/b/25. htm。

中华人民共和国新闻出版总署［EB/OL］.http：//www. gapp. gov. cn/govpublic/86/311. shtml。

上官云：《动画片暴力镜头频现引人担忧，专家呼吁建立分级制》［EB/OL］.http：//www. chinanews. com/cul/2013/10 – 15/5378748. shtml。

张文娟：《等待儿童福利法》［EB/OL］.http：//finance. sina. com. cn/roll/20130321/001914898812. shtml。